بسم الله الرحمن الرحيم

**Zuschriften erbeten an**

**TÜRKİYE DİYANET VAKFI**
YAYIN MATBAACILIK VE TİCARET İŞLETMESİ

MEŞRUTİYET CAD. BAYINDIR SK. 55. 06650 KIZILAY /ANKARA
TEL: 118 59 49 • 125 27 75 • 117 09 04
TELEX: 43433 Tdvk tr • FAX: (4) 117 00 09

**ISBN** 975-389-044-3

90.06.Y. 0005.53

**Druck**
Aydoğdu Ofset • 310 79 79 ANKARA

•

**Umschlaggestaltung und Seitenanordnung**
Halil ÖZTÜRK

VERÖFFENTLİCHUNGEN DER TÜRKISCHEN STIFTUNG
FÜR RELİGIÖSE ANGELEGENHEITEN

**Prof.Dr.S.Hayri BOLAY**

# "DİE BOTSCHAFT DES KORAN"

(Kur'ân Davet Ediyor)

Aus dem Türkischen übersetzt von
**H. Achmed Schmiede**

ANKARA / TÜRKEI - 1990

DİYANET İŞLERİ TÜRK - İSLAM BİRLİĞİ
Türkisch - Islamische Union der Anstalt für Religion e.V.

Venloer Strasse 160 . 5000 Köln 30
Tel: 0221 / 51 38 49
DEUTSCHLAND

Koranzitate aus:
"Der Koran",
übersetzt von Max Henning,
Philipp Reclam Junior, Stuttgart, 1960. Die von
dieser Übersetzung teilweise abweichende
Verszählung richtet sich nach
der in der Türkei und den meisten islamischen
Ländern üblichen Einteilung.

•



•

Erste Auflage, November 1990, 5.000 Stück

## VORWORT

Dieses Büchlein trägt den Titel "Die Botschaft des Koran". Damit sollen die koranischen Grundsätze von Glaubenslehre und Gottesdienst herausgearbeitet werden, und zwar ohne jeden Kommentar, lediglich anhand der Versinhalte und unter Aufzeigung gewisser zwischen ihnen bestehender Beziehungen.

Über die Grundsätze der Glaubenslehre enthält nun der Koran eine besonders große Zahl von Versen, von denen hier nur ein Teil zu Wort kommen kann. Sinnverwandte Verse werden jeweils durch ein oder wenige Beispiele repräsentiert. Dies soll das Herangehen an all das, was an Glaubensgrundlagen im Koran enthalten ist, erleichtern.

In der Zeit, in der wir leben, haben die meisten Menschen keine Zeit oder keine Lust zum Lesen umfangreicher und ausführlicher Bücher. Es erschien daher angebracht, ein handliches und übersichtliches Taschenbuch zu machen, um einen möglichst großen Kreis von Lesern mit unterschiedlichem Vorwissen zu erreichen.

An den Anfang wurde ein Kapitel über das Menschenbild des Islam gestellt, um ein wenig auf die Größe der Aufgabe aufmerksam zu machen, die der Mensch im Hinblick auf Glauben, Dienst an Gott und Moralverhalten auf sich genommen hat.

Im ersten Teil werden die Grundlagen der Glaubenslehre, im zweiten Teil diejenigen der gottesdienstlichen Verpflichtungen behandelt. Im dritten Teil schließlich hat sich der Verfasser darauf beschränkt, auf Stellenwert und Bedeutung hinzuweisen, welche der Koran einem moralisch integren Verhalten beimißt. Die Thematik der Morallehre soll in einem weiteren Buch ausführlich behandelt werden.

Uns obliegt das Bemühen, Gott aber das Bewirken...

**Prof. Dr. S.Hayri BOLAY**

## ISLAM

Der Islam ist Gottes ureigne und damit die letzte Religion. Die schriftliche Verkündung dieser Religion ist der Gnadenreiche Koran, ihr Verkünder Muhammed, der letzte der Propheten (Gott segne ihn und gebe ihm Frieden). Die Bezeichnung ISLAM erhielt diese Glaubenslehre unmittelbar von Gott selbst:

*"Es ist mein Wille, daß der Islam euer Glauben ist".* (Mâide: 5/3)

*"Siehe, die Religion bei Allah ist der Islam".* (Al-i Imran: 3/19).

Nicht vergessen werden sollte, daß der Islam als monotheistische Lehre seit Adam besteht; je nach der menschlichen Entwicklung hat Gott ihn jeweils erneuert, den wechselnden Voraussetzungen angepaßt und ihm im Gnadenreichen Koran endgültige Gestalt verliehen. Deshalb glauben wir als Muslime an alle wirklichen Propheten von Adam bis Muhammed (Friede sei mit ihnen) und erkennen die in dieser Zeitspanne ergangenen Offenbarungsbücher an. Dies zu glauben, gehört zu den Voraussetzungen unseres Muslimseins.

Das Wort ıslam beinhaltet Bedeutungen wie: sicher sein vor verborgenem und offenbarem Übel, Frieden, Ruhe, Sicherheit, Ergebenheit, Aufrichtigkeit, Verbundenheit usw.

Als *"Terminus technicus"* steht Islam für: Anerkenntnis der absoluten Einheit Gottes, uneingeschränkter Gehorsam und Ergebenheit gegenüber Ihm, Reinigung des Herzens von allem, was die Herrschaft Gottes im Herzen beeinträchtigt, Glauben an sämtliche sonstigen Verkündigungen Gottes. Sinn und Herz des Menschen ist von allem zu befreien, was zur Anbetung von Materie wie Berge, Steine, Mond, Sonne, Sterne, Feuer, Wind und ähnlichem führen könnte. Nichts und niemand darf vergöttlicht werden: weder Engel, noch Propheten usw. Darauf weist der Koran in verschiedenen Versen unzweideutig hin:

1) Islam als Gegensatz von Unglauben (Leugnung):

*"Und nicht gebietet er euch, daß ihr euch die Engel oder die Propheten zu Herren annehmt. Sollte er euch den Unglauben gebieten, nachdem ihr Muslime geworden?"* (Al-i Imran: 3/80).

2) Islam als Gegensatz von Vielgötterei (Polytheismus):

*"Sprich: 'Sollte ich einen anderen als Allah zum Beschützer nehmen, den Bildner der Himmel und der Erde, der da Speise nimmt und nicht Speise empfängt?' Sprich: 'Siehe, mir ward geboten, der erste zu sein, der sich ergibt und (dem befohlen ward:) 'Nicht sei einer derer, die (Allah) Gefährten geben!' "* (En'am: 6/14).

3) Islam als Entsprechung von Gehorsam und Aufrichtigkeit gegenüber Gott:

*"Und wer hätte einen schöneren Glauben, als wer sein Angesicht Allah ergibt und das Gute tut und die Religion Abrahams, des Lautern im Glauben, befolgt; und Allah nahm sich Abraham zum Freund."* (Nisâ: 4/125).

4) Islam als Entsprechung von Ergebenheit in den Willen Gottes und Bereitschaft, sich Seiner Fügung zu beugen:

*"Und kehrt euch reuig zu euerm Herrn und ergebet euch ihm, bevor zu euch die Strafe kommt. Alsdann werdet ihr nicht gerettet."* (Zümer: 39/54).

**Oberster Grundsatz ist die Unterwerfung aller Wesenheiten unter Gott**

Der Gnadenreiche Koran erinnert daran, daß alle Wesenheiten im Kosmos Gott unterworfen sind und fordert die Anhänger aller anderen Religionen auf, sich dieser Unterwerfung anzuschließen, weil das Gesetz Gottes überall und für jeden gilt:

*"Verlangen sie etwa eine andre als Allahs Religion? Ihm ergibt sich, was in den Himmeln und auf Erden, gehorsam oder wider Willen, und zu ihm müssen sie zurück."* (Al-i Imran: 3/83).

**Als erste unterwarfen sich die Propheten**

So sprach der Prophet Noah zu seinem Volk:

*"Und so ihr den Rücken kehrt, so verlange ich keinen Lohn von euch. Siehe, mein Lohn ist allein bei Allah, und befohlen ward mir, ein Muslim zu sein."* (Yunus: 10/72).

Die gleiche Ergebenheit haben Abraham (Bakara: 2/131), Josef (Yusuf: 12/101), Moses (Yunus: 10/84), Jesus (Al-i Imran: 3/52) und andere wirkliche Propheten gelehrt:

*"Und nicht entsandten wir vor dir einen Gesandten, dem wir nicht offenbart: 'Es gibt keinen Gott außer mir, so dienet mir'."* (Enbiya: 21/25).

Der Koran ruft Juden und Christen zu einem Minimum an Gemeinsamkeit auf:

*"Sprich: 'O Volk der Schrift, kommt herbei zu einem gleichen Wort zwischen uns, daß wir nämlich Allah allein die-*

*nen und nichts neben ihn stellen und daß nicht die einen von uns die andern zu Herren annehmen neben Allah'. Und so sie den Rücken kehren, so sprechet: 'Bezeuget, daß wir Muslime sind'."* (Al-i Imran: 3/64).

Der Islam ist die letzte Religion, wer-nachdem er ihn erkannt und bekannt hat-eine andere Religion sucht, endet in Verzweiflung:

*"Und wer eine andere Religion als den Islam begehrt, nimmer soll sie von ihm angenommen werden, und im Jenseits wird er verloren sein."* (Al-i Imran: 3/85).

"Islam sein", sich Gott anheimzugeben, ist oberster Grundsatz. Voraussetzung dafür sind Herzensaufrichtigkeit und völlige innere Offenheit. Das heißt: Ergebenheit und Glaubensüberzeugung müssen in das Herz hineinwirken.

Und jetzt unser Blick auf das Menschenbild des Islam und die Grundsätze von Glauben und Gottesdienst, die er dem Menschen gebracht hat:

## DAS MENSCHENBILD DES GNADENREICHEN KORAN

Wir werden später sehen, daß auch der Mensch erschaffen ist. Wir werden in der Sprache der Koranverse darstellen, wie es zur Erschaffung Adams, des ersten Menschen gekommen ist und wie ein Kind erschaffen wird, welche Stadien es in der Gebärmutter durchläuft. Das sind Dinge, die mit der biologischen Existenz des Menschen zu tun haben In wieder einem anderen Vers wird berichtet, wie Gott dem Menschen seinen eigenen Odem einbläst und ihn in eine "völlig andere Schöpfung" verwandelt. Dieser göttliche Odem ist es, der den Menschen zum Statthalter Gottes auf Erden macht, der ihm seine wesentliche Beschaffenheit verleiht. Wir werden weiterhin sehen, wie die Engel sich vor ihm niederwerfen -ein Vorgang, der ihn den Engeln überlegen macht.

Aufgrund seiner Beschaffenheit ist der Mensch allen anderen Geschöpfen überlegen:

*"O David, siehe, wir machten dich zu einem Stellvertreter auf Erden; so richte zwischen den Menschen in Wahrheit und folge nicht dem Gelüst, denn es führt dich abseits von Allahs Weg"* (Sâd: 38/26).

Hier wird auf das, was den Menschen in den Stand eines Stellvertreters erhöht, sowie auf Schwächen wie Neigungen und Gelüste aufmerksam gemacht, die ihn davon abhalten können, diesem Amt gerecht zu werden. Der folgende Vers bringt die Besorgnis der Engel hinsichtlich dieser Schwäche zum Ausdruck:

*"Und als dein Herr zu den Engeln sprach: 'Siehe, ich will auf der Erde einen einsetzen an meiner Statt', da sprachen sie: "Willst du auf ihr einen einsetzen, der auf ihr Verderben anstiftet und Blut vergießt? Und wir verkünden dein Lob und heiligen dich'. Er sprach: 'Siehe, ich weiß, was ihr nicht wisset'."* (Bakara: 2/30).

Der Vers drückt aus, daß Gott entgegen den Befürchtungen der Engel dem Menschen Vertrauen schenkt. Daß er weiß: jener ist wohl imstande, mittels der ihm verliehenen Gaben des Verstandes und des Willens seine Wünsche zu kontrollieren, sich zu seelischer und moralischer Höhe aufzuschwingen, Kulturen und Zivilisationen zu begründen.

**Gott hat den Menschen alles gelehrt und ihn erzogen.**

*"Lies! Im Namen deines Herrn, der erschuf, erschuf den Menschen aus geronnenem Blut. Lies, denn dein Herr ist allgütig, der die Feder gelehrt, gelehrt den Menschen, was er nicht gewußt.* (Alâk: 96/1-5).

*"Und er lehrte Adam aller Dinge Namen; dann zeigte er sie den Engeln und sprach: 'Verkündet mir die Namen dieser Dinge, so ihr wahrhaft seid'. Sie sprachen: 'Preis dir, wir haben nur Wissen von dem, was du uns lehrtest; siehe, du bist der Wissende, der Weise'. Er sprach: 'O Adam, verkünde ihnen ihre Namen'. Und als er ihnen ihre Namen verkündet hatte, sprach er: 'Sprach ich nicht zu euch: Ich weiß das Verborgene der Himmel und der Erde, und ich weiß, was ihr offenkund tut und was ihr verberget?'."* (Bakara: 2/31-33).

Dieser Vers zeigt, welches Wissen der Mensch besitzt und

besitzen soll. Der Mensch ist ein wissendes Wesen. Und das muß er auch sein, aufdaß er sich selber, die Gesellschaft, die Natur und seinen Gott kenne. Ein wissendes Wesen kommt leichter zu Gott.

**Gott hat den Menschen in dem Bedürfnis und der Freiheit zu glauben erschaffen.**

*"O ihr Menschen, ihr seid die Armen zu Allah, und Allah ist der Reiche, der Rühmenswerte."* (Fâtır: 35/15).

*"Und sprich: 'Die Wahrheit ist von eurem Herrn; und wer will, der glaube, und wer will, der glaube nicht'."* (Kehf: 18/29).

Der Mensch ist kein Wesen, das sich selbst genügen, d.h. ohne auf andere und besonders auf Gott angewiesen zu sein, leben könnte. Es wirkt sich zu seinem eigenen Schaden aus, wenn der Mensch seinem Schöpfer trotzt oder ihm gegenüber gleichgültig ist. Dazu hat er zuviele Schwächen. Um diese auszugleichen, muß er den Geboten und Empfehlungen Gottes folgen.

Der Gnadenreiche Koran hält die Schwächen des Menschen folgendermaßen fest:

**Der Mensch ist hochmütig und selbstgefällig**

*"O ihr Menschen, siehe, Allahs Verheißung ist wahr, drum betrüge euch nicht das irdische Leben, und der Betrüger betrüge euch nicht in betreff Allahs"* (Fâtır: 35/5).

*"O Mensch, was hat dich von deinem hochsinnigen Herrn abwendig gemacht, der dich erschaffen, gebildet und geformt hat, in der Form, die ihm beliebte, dich gefügt hat?"* (İnfitâr: 82/6-8).

*"Und schreite nicht auf der Erde stolz einher; siehe, du kannst die Erde nicht spalten noch die Berge an Höhe erreichen"* (İsra: 17/37).

Dieser letzte Vers enthält eine heftige Zurechtweisung

und erinnert den Menschen an die Grenzen seiner Macht. Eine weitere Ermahnung an den Menschen, der seine Grenzen überschreitet:

*"Glaubt er etwa, daß niemand etwas gegen ihn vermag?"* (Beled: 90/5).

**Der Mensch ist undankbar, unleidlich und mißgünstig:**

*"Und wenn euch ein Unheil auf dem Meere trifft, dann sind jene, die ihr außer ihm anruft, in weiter Ferne. Hat er euch aber an Land gerettet, dann wendet ihr euch ab; und der Mensch ist undankbar"* (İsrâ: 17/67).

*"Siehe, der Mensch ist wahrlich undankbar gegen seinen Herrn"* (Adiyat: 100/6).

*"Und wenn den Menschen ein Unheil trifft, so ruft er uns an. Alsdann, wenn wir ihm Gnade von uns gewährten, spricht er: 'Es ward mir nur gegeben auf Grund Wissens'. Nein, es ist eine Versuchung, jedoch wissen es die meisten nicht"* (Zümer: 39/49).

*"Siehe, der Mensch ist ungeduldig erschaffen; wenn ihm schlimmes widerfährt, so ist er mutlos, und wenn ihm gutes widerfährt, so ist er knauserig"* (Meâric: 70/19-21).

**Gott ist dem Menschen näher als dessen Hauptschlagader**

*"Und wahrlich, wir erschufen den Menschen, und wir wissen, was ihm seine Seele einflüstert, denn wir sind ihm näher als seine Halsader"* (Kâf: 50/16).

**Der Mensch ist nicht unbeobachtet:**

*"Wähnt der Mensch etwa, unbeachtet gelassen zu werden?"* (Kıyâmet: 75/36).

*"Glaubt er etwa, daß ihn niemand sieht?"* (Beled: 90/7).

**Der Mensch schlägt leicht über die Stränge:**

Die Undankbarkeit des Menschen, seine Verschwendungssucht und seine Nichtachtung der Gnadenerweise läßt ihn leicht über die Stränge schlagen, verleitet ihn zu Fehlern und entfremdet ihn seinem Glauben:

*"Führwahr! Siehe, der Mensch ist wahrlich frevelhaft, wenn er sich in Reichtum sieht"* (A'lâk: 96/6-7).

*"Und doch nahmen sie sich Götter außer Allah, daß sie ihnen hülfen"* (Yâsin: 36/74).

*"Dann, was den anlangt, der (das Maß) überschritt und das irdische Leben vorzog, siehe, der Höllenpfuhl ist seine Wohnung"* (Nâziat: 79/37-39).

Vorstehend haben wir die Ermahnung Gottes an jene aufgezeigt,die das Maß überschreiten.Bei dieser Ermahnung bleibt es nicht:

**Der Mensch ist geizig; er ist auf seinen Vorteil bedacht:**

*"Sprich: 'Besäßet ihr die Schätze der Barmherzigkeit meines Herrn, wahrlich, ihr würdet sie festhalten aus Furcht, sie auszugeben; denn der Mensch ist geizig.' "* (İsrâ: 17/100).

*"Und siehe, stark ist seine Liebe zum (irdischen) Guten"* (Adiyat: 100/8).

**Der Mensch ist voreilig,**
**er verliert schnell die Hoffnung**

*"Und es bittet der Mensch um Schlimmes, wie wenn er um Gutes bäte; denn der Mensch ist voreilig"* (İsrâ: 17/11).

*"Und wenn wir dem Menschen Gnade erweisen, wendet er sich ab und geht beiseite; und so ihn ein Übel trifft, verzweifelt er."* (İsrâ: 17/83).

Der Gnadenreiche Koran verkündet, daß nicht die Voreiligen, sondern die Geduldigen, nicht die schnell Resignierenden, sondern die stets Hoffnungsvollen zum Heil gelangen werden und wendet sich gegen die Hoffnungslosigkeit:

*"O ihr, die ihr glaubt, suchet Hilfe in Standhaftigkeit und Gebet; siehe, Allah ist mit den Standhaften"* (Bakara: 2/153).

*"Wer gibt die Hoffnung auf seines Herrn Barmherzigkeit auf, wenn nicht die Irrenden?"* (Hicr: 15/56).

*"Verzweifelt nicht an Allahs Erbarmen; siehe, an Allahs Erbarmen verzweifeln nur die Ungläubigen."* (Yusuf: 12/87).

Mögen die Philosophen unablässig die Frage stellen: *"Was haben wir zu erhoffen? Was kann die Quelle von Hoffnung sein?"* Der Koran zeigt sowohl die nie verlöschende Hoffnung, die den Menschen an das Leben bindet, als auch deren Quelle auf. Wie kann der als Stellvertreter und zu höchsten Ehren bestimmt erschaffene Mensch mit Schwächen wie Undankbarkeit, Voreiligkeit, Neigung zu Maßlosigkeit und Niedergeschlagenheit, Überheblichkeit, Unleidlichkeit, Neid, Leidenschaft, Trotz und Verschwendungssucht behaftet, zu Überlegenheit gelangen? Diese Schwächen charakterisieren ihn doch als unzulängliches und unvollkommenes Wesen. Gott aber, weil er wohl weiß, daß der Mensch aufgrund dieser Schwächen Fehler, Aufsässigkeiten und Sünden begehen kann, hat ihm gleichzeitig die Türen der Reue, der Vergebung und Verzeihung geöffnet. Weil der Mensch - ohne es zu bemerken- Schlimmes ebenso zu erbitten vermag wie Gutes, ist er mit der Neigung zum Schlimmen ebenso ausgestattet, wie mit der Befähigung zum Guten. Wenn er an Gott glaubt, dem Weg des Koran und des Propheten folgt und seine animalischen Wünsche zu kontrollieren vermag, dann kann er seine Mängel ausgleichen und aufsteigen. Denn auch diese Fähigkeit hat Gott ihm verliehen:

*"(Bei der) Seele, und wer sie bildete, und ihr eingab ihre Schlechtigkeit und Frömmigkeit: wohl ergeht es dem, der sie reinigt, und zuschanden geht der, der sie verdirbt"* (Şems: 91/8-10).

*"Wahrlich, wir erschufen den Menschen in schönster Gestalt" (Tin: 95/4).*

*"Wahrlich, wir erschufen den Menschen zum Kummer"* (Beled: 90/4).

*"Nicht belastet Allah eine Seele über ihr Vermögen"* (Bakara: 2/286).

**Der Mensch ist von überlegener Beschaffenheit; er hat göttliches Unterpfand auf sich genommen:**

*"Und wahrlich, wir zeichneten die Kinder Adams aus und trugen sie zu Land und Meer und versorgten sie mit guten Dingen und bevorzugten sie hoch vor vielen unsrer Geschöpfe"* (İsra: 17/70).

*"Siehe, wir boten den Himmeln und der Erde und den Bergen das Unterpfand an, doch weigerten sie sich, es zu tragen, und schreckten davor zurück. Der Mensch lud es jedoch auf sich, denn er ist ungerecht und unwissend"* (Ahzab: 33/72).

**Ausgerüstet mit diesen Fähigkeiten, ist der Mensch dazu geschaffen, geprüft zu werden und zu dienen**

*"Er hat den Tod und das Leben erschaffen, um euch zu prüfen, wer von euch an Werken der Beste ist; und er ist der Mächtige, der Verzeihende"* (Mülk: 67/2).

*"Wähnen wohl die Menschen, in Frieden gelassen zu werden, wenn sie sprechen: 'Wir glauben' - und nicht versucht zu werden"* (Ankebut: 29/2).

*"Die Menschen und die Dschinnen habe ich nur dazu erschaffen, daß sie mir dienen"* (Zâriyat: 51/56).

**Der Mensch, und besonders der gläubige Mensch steht an Wert über allem:**

*"Wer eine Seele ermordet, ohne daß sie einen Mord oder eine Gewalttat im Lande begangen hat, soll sein wie einer, der die ganze Menschheit ermordet hat. Und wer einen am Leben erhält, soll sein, als hätte er die ganze Menschheit am Leben erhalten"* (Mâide: 5/32).

*"Und wer einen Gläubigen mit Vorsatz tötet, dessen Lohn ist Dschehennam; ewig soll er darin verweilen"* (Nisâ: 4/93).

*"Siehe jene, die nicht an Allahs Zeichen glauben, die Propheten ohne Grund morden und von den Menschen morden, wer ihnen Rechtschaffenheit befiehlt-ihnen verkünde schmerzliche Strafe"* (Al-i İmran: 3/21).

Wer auf Erden hohe Ziele verfolgt und geistigen Werten nachgeht, der möge diese Verse noch einmal durchlesen! Nach Gott und dem Koran ist der Mensch selbst der höchste aller Werte. Was aber seinen Wert noch erhöht, ist seine Anbindung an die über ihm stehenden Werte, die ihm zu ewiger Existenz verhelfen. Dies wird möglich durch die Herstellung verschiedener Beziehungen zwischen Gott und den Menschen, zwischen der Gesellschaft und der Natur, deren Weiter-und Fortentwicklung.

Seiner Natur entsprechend schafft sich der Mensch seine Umwelt und paßt sie sich an. Tiere hingegen passen sich an die Umwelt an. Darin zeigt sich die soziale Seite des Menschen, sein Kulturen und Zivilisationen hervorbringender Aspekt.Hieraus ergibt sich auch der Wert des Menschen innerhalb der Gesellschaft. Damit die Menschen Gesellschaften schaffen konnten, verlieh Gott ihnen unterschiedliche Sprachen und Geschmacksauffassungen (30/22).

*"O ihr Menschen, siehe, wir erschufen euch von einem Mann und einem Weib und machten euch zu Völkern und Stämmen, auf daß ihr einander kennet. Siehe, der am mei-*

*sten Geehrte von euch vor Allah ist der Gottesfürchtigste unter euch; siehe, Allah ist wissend und kundig"* (Hucurat: 49/13).

In einer Gesellschaft, die aus gottesfürchtigen und vor Gott angesehenen Menschen besteht, regiert Brüderlichkeit und wird Gerechtigkeit zum obersten Grundsatz, wird Wahrhaftigkeit zur allgemeinen Losung. Man liebt um Gottes willen, man ißt um Gottes willen: Dort können weder Zwietracht und Ränkespiel, noch Blutvergießen je die Macht ergreifen. Gott verdirbt kein Volk, bevor es sich nicht selbst ins Verderben stürzt:

*"Allah verändert nicht sein Verhalten zu einem Volk, ehe es nicht seiner Seelen Gedanken verändert; und so Allah Böses mit einem Volke vorhat, so kann es niemand abwehren, und außer ihm haben sie keinen Beschützer"* (Ra'd: 13/11).

Wenn der Mensch als Individuum wie als Gesellschaft seine Ehre und sein Ansehen wahren will, dann darf er den ihm von Gott gewiesenen Pfad nicht verlassen und muß das Üle besiegen. Die größte Hilfe kommt ihm dabei von Gott, und zwar im Verhältnis seiner Aufrichtigkeit. Der Mensch soll sich mit seinem Glauben und seinem Gottesdienst, mit seinem Gebet Gott zuwenden, sich ihm öffnen, sich mit seiner Kenntnis der Natur, mit seiner Moral der Gesellschaft öffnen. Das aber geht nur durch Streben:

*"Der Mensch empfängt nur, wonach er sich bemüht hat"* (Necm: 53/39).

## DER MENSCH ÖFFNE SICH DER AUSSENWELT:

### ÜBER NATUR UND AUSSENWELT NACHDENKEN

Die Umwelt des Menschen, Natur, Außenwelt, Kosmos, Sterne-alldas bewegt und entwickelt sich in festgesetzter Ordnung. Der Gnadenreiche Koran nimmt die Natur aus der Position eines angebeteten und gefürchteten Komplexes von Wesenheiten heraus und stellt sie, den Mond, die Sterne und alles andere unter das Gebot des Menschen:

"*...Und er machte euch dienstbar die Sonne und den Mond in rastlosem Wandel. Und dienstbar machte er euch die Nacht und den Tag...*" (İbrahim: 14/33).

Gott, der Erhabene, der die Wesenheiten in Natur und Kosmos unter unser Gebot gestellt hat, nennt uns auch die Gesetze, denen das All und die Natur unterliegen. Diese Gesetze machen es möglich, die Natur zu verstehen:

"*Sehen sie denn nicht, daß wir die Erde vom Umfang her ständig enger werden lassen?* (Ra'd: 13/41. Übers. Dr.S.H.B.).

Während der Erdumfang abnimmt, dehnt der Kosmos sich aus:

*"Und den Himmel, wir erbauten ihn mit Kraft, und siehe, wir machen ihn weit"* (Zariyat: 51/47).

**Die Verbindungen von Ursache und Wirkung zwischen den Naturereignissen funktionieren stabil, präzise und fehlerlos**

*"Siehst du nicht, daß Allah Wasser vom Himmel hinabsendet und daß die Erde grün wird?"* (Hacc: 22/63).

*"Allah ist's, der die Winde entsendet und die Wolken aufhebt; und er breitet sie aus am Himmel, wie er will, und zerreißt sie in Stücke; und dann siehst du den Regen mitten aus ihnen hervorbrechen"* (Rûm: 30/48).

**Alles geschieht nach Maß und Berechnung**

*"Und wir senden Wasser vom Himmel herab nach Gebühr und geben ihm Wohnung in der Erde"* (Muminûn: 23/18).

*"Allah misset die Nacht und den Tag"* (Muzemmil: 73/20).

*"Siehe, alle Dinge erschufen wir nach einem Ratschluß"* (Kamer: 54/49).

## ÜBER DIE WESENHEITEN IN DER NATUR NACHDENKEN

Über alles, was Kosmos und Erde tragen, sollen wir uns Gedanken machen. Wie diese Wesenheiten entstanden sind, wie sie funktionieren, wie sie sich bewegen, wie sie gesteuert werden. Hieraus entstanden Forschung, Wissenschaft und Philosophie:

*"Siehe, in der Schöpfung der Himmel und der Erde, und in dem Wechsel der Nacht und des Tages, und in den Schiffen, welche das Meer durcheilen mit dem, was den Menschen nützt, und was Allah vom Himmel niedersendet an Wasser,*

*womit er die Erde belebt nach ihrem Tode, und was er auf ihr ausbreitete an allerlei Getier, und in dem Wechsel der Winde und der Wolken, die fronen müssen dem Himmel und der Erde, wahrlich, darinnen sind Zeichen für ein Volk von Verstand!"* (Bakara: 2/164).

**Meere, Flüsse, Regen, Lebewesen, Materie - alles ist für uns da**

*"Euer Herr ist es, der euch die Schiffe auf dem Meere treibt, auf daß ihr trachtet nach seinem Überfluß. Siehe, er ist gegen euch barmherzig"* (İsra: 17/66).

Nicht nur was die Erde trägt, sondern auch was der Himmel enthält ist für uns bestimmt. Wenn der Himmel nicht zusammenbricht, Sterne und Planeten in der Leere des Alls ihre Bahn ziehen, ohne abzustürzen oder zu kollidieren - kommt das allein von diesen Dingen selbst?

*"Siehst du nicht, daß Allah euch unterworfen hat, was auf Erden ist, und die Schiffe, die das Meer auf sein Geheiß durcheilen? Und er hält den Himmel, daß er nicht auf die Erde falle, es sei denn mit seiner Erlaubnis. Siehe, Allah ist wahrlich gütig gegen die Menschen und barmherzig"* (Hacc: 22/65).

*"Sehen sie denn nicht die Vögel über ihnen ihre Schwingen ausbreiten und einziehen? Nur der Erbarmer hält sie fest; siehe, er schaut alle Dinge"* (Mulk: 67/19).

*"Und siehe, in dem Vieh habt ihr wahrlich eine Lehre. Wir geben euch zu trinken von dem, was in ihren Leibern ist, und vielen Nutzen habt ihr in ihnen, und von ihnen esset ihr"* (Mu'minûn: 23/21).

ÜBER DIE UNGEZÄHLTEN SCHÖNHEITEN DER WELT NACHDENKEN

*"Und auf der Erde sind dicht beieinander (verschiedene) Stücke und Rebengärten und Korn und Palmen, zu mehreren und einzeln aus der Wurzel. Getränkt von ein (und dem-*

*selben) Wasser, machten wir doch die einen als Speise vorzüglicher als die anderen. Siehe, hierin sind wahrlich Zeichen für ein verständig Volk"* (Ra'd: 13/4).

*"Siehst du denn nicht, daß Allah Wasser vom Himmel herabgesendet hat und es als Quellen in die Erde leitet? Alsdann lässt er durch dasselbe Korn in mannigfacher Farbe sprießen, alsdann verwelkt es und du siehst es gelb. Alsdann macht er es zu Krume. Siehe, hierin ist wahrlich eine Ermahnung für die Verständigen"* (Zümer: 39/21).

*"Schauten sie denn nicht die Erde an, wieviel wir auf ihr sprießen ließen von jeglicher edler Art? Siehe, hierin ist wahrlich ein Zeichen, und doch sind die meisten von ihnen nicht gläubig"* (Şuara: 26/7-8).

### Viele Dinge des täglichen Lebens nehmen wir erst zur Kenntnis, wenn wir sie entbehren müssen

*"Machten wir nicht die Erde zu einem Bett, und die Berge zu Pflöcken, und schufen euch in Paaren, und machten euern Schlaf zur Ruhe, und die Nacht zu einem Kleid, und machten den Tag zum Erwerb des Unterhalts, und bauten über euch sieben Festen, und machten eine hellbrennende Lampe..."* (Nebe: 78/6-13).

### Und was meint ihr zur Mannigfaltigkeit sogar der Fingerspitzen, der Verschiedenheit der Fingerabdrücke?

Es ist eine von der Medizin erhärtete Tatsache, daß keine zwei Menschen auf Erden gleich strukturierte Fingerspitzen haben, ein Umstand, dessen Erkenntnis kriminalistische Ermittlungen ungeheuer erleichtert:

*"Ich schwöre bei der sich selbst verklagenden Seele: glaubt der Mensch, daß wir nicht versammeln können seine Gebeine? Fürwahr, imstande sind wir, seine Fingerspitzen zusammenzufügen. Doch der Mensch wünscht wider das, was vor ihm liegt, zu sündigen"* (Kıyamet: 75/2-5).

Viele Verse des Gnadenreichen Koran sprechen über die als Ganzes oder im Einzelnen erfolgte Erschaffung des Weltalls und der Wesenheiten darin:

Zu Beginn waren die Himmel und die Erde eine einzige Masse, die Gott dann teilte:

*"Sehen denn nicht die Ungläubigen, daß die Himmel und die Erde eine feste Masse bildeten und wir sie dann spalteten und aus dem Wasser alles Lebendige machten?"* (Enbiyâ: 29/30).

**Der Schöpfungsakt nimmt seinen Anfang beim Himmel und wendet sich dann der Erde zu**

*"Er lenkt alle Dinge vom Himmel bis zur Erde"* (Secde: 32/5).

Der Schöpfungsakt begann beim Himmel, der Rauch (oder Gas) war, eine Erklärung, die dem heutigen Stand unseres Wissens entspricht:

*"Alsdann machte er sich an den Himmel, welcher Rauch war, und sprach zu ihm und zur Erde: 'Kommet in Gehorsam oder wider Willen'. Sie sprachen: 'Wir kommen gehorsam'. Und so vollendete er sie zu sieben Himmeln in zwei Tagen und offenbarte jedem Himmel sein Amt"* (Fussilet: 41/11-12).

Natürlich dürfen wir den Begriff 'Tag' hier nicht für das nehmen, was wir unter einem Tag verstehen.

Dann wurden die Lebewesen geschaffen. Das Leben nahm seinen Anfang im Wasser:

*"..Und wir (machten) aus dem Wasser alles Lebendige"* (Enbiyâ: 29/30).

*"Und zu seinen Zeichen gehört die Schöpfung der Himmel und der Erde und was er in beiden an Getier verstreut hat"* (Şûrâ: 42/29).

Von großer Bedeutung für das Leben, für die Lebewesen, ist das Wasser. Und so nimmt auch die Erschaffung des Menschen darin ihren Anfang.

**Kein Mangel, keine Unregelmäßigkeit ist in der Schöpfung**

Wer Mängel in der Entstehung der Welt und der Wesenheiten sucht und nach Vorbehalten fahndet, der möge genau hinsehen:

*"(Er ist es), der sieben Himmel übereinander erschaffen hat. Nicht schaust du in der Schöpfung des Erbarmers eine Disharmonie; so erhebe den Blick von neuem, ob du Spalten siehst. Alsdann erhebe den Blick wiederum zweimal - zurückkehren wird er zu dir stumpf und matt"* (Mulk: 67/3-4).

**Auch der Mensch ist ein Geschöpf**

Geehrt und erhöht ist der Mensch zwar, aber dennoch auch nur ein Geschöpf. Seine Erschaffung nimmt im Koran breiten Raum ein. Noch ausführlicher wird sie in den Überlieferungen des Propheten dargestellt. Als Materie nahm die Erschaffung des Menschen ihren Anfang mit Ton. Der Koran läßt uns wissen, daß der biologische Aspekt des Menschen aus Ton und Wasser besteht. Dieser materiellen Form aber wurde gegeben, was erst den Menschen ausmacht: die Seele:

*"Der alle Dinge gut erschaffen und der des Menschen Schöpfung aus Ton hervorgebracht. Alsdann bildete er seine Nachkommenschaft aus Samen und verächtlichem Wasser. Alsdann formte er ihn und blies in ihn von seinem Geiste und gab euch Gehör, Gesicht und Herzen. Wenig Dank stattet ihr ihm ab"* (Secde: 32/7-9).

**Ist unser Ursprung nicht eine Handvoll Ton und ein Tropfen Flüssigkeit?**

*"Siehe, wir erschufen den Menschen aus einer Samenmischung, ihn zu prüfen, und wir gaben ihm Gehör und Gesicht"* (İnsan: 76/2).

Die Ordnung der Welt läßt dem Zufall keine Chance. Also kann auch kein Wesen im einzelnen oder gar der Kosmos als Ganzes aus sich selbst heraus entstehen, kann die ihn erschaffende Ursache nicht in sich selbst tragen. Alles und jeder bedarf eines anderen. Die Kette der Ursachen führt uns am Ende zu einem Erschaffer, in der Sprache des Koran zu Allah.

Da Gott alle Dinge erschaffen hat, muß eine Behauptung, die sich darauf stützt, Materie, Gestalt und Geist habe es immer gegeben bzw. seien nicht erschaffen, ganz von allein ihren Wert verlieren.

## A L L A H

(EINIGE SEINER EIGENSCHAFTEN)

Der erhabene Gott, Schöpfer und Lenker aller Wesenheiten, beschreibt sich selbst folgendermaβen:

*"Allah ist das Licht der Himmel und der Erde. Sein Licht ist gleich einer Nische, in der sich eine Lampe befindet; die Lampe ist in einem Glase, und das Glas gleich einem flimmernden Stern. Es wird angezündet von einem gesegneten Baum, einem Ölbaum, weder vom Osten noch vom Westen, dessen Öl fast leuchtete, auch wenn es kein Feuer berührte - Licht über Licht! Allah leitet zu seinem Licht, wen er will, und Allah macht Gleichnisse für die Menschen, und Allah kennt alle Dinge"* (Nûr: 24/35).

### Gott ist existent, er ist einig und einzig - das ist Monotheismus

*"Sprich: Er ist der eine Gott, der ewige Gott; Er zeugt nicht und ist nicht gezeugt worden, und keiner ist ihm gleich"* (İhlas: 112/1-4).

**Gott steht außerhalb jeder Einengung durch Raum und Zeit**

*"Und Allahs ist der Westen und der Osten, und wohin ihr euch daher wendet, dort ist Allahs Angesicht. Siehe, Allah ist weit und wissend. Und sie sprechen: 'Allah hat einen Sohn erzeugt.' Preis Ihm! Nein; was in den Himmeln und auf Erden, alles gehorcht ihm"* (Bakara: 2/115-116).

**Gottes Macht ist endlos und ohne Schranke**

*"Gott ist der Schöpfer der Himmel und der Erde, und so er ein Ding beschließt, spricht er nur zu ihm "Sei!" und es ist"* (Bakara: 2/117).

Gott ist der Herrscher auf Erden und im Himmel, der Herr allumfassender Weisheit, der Allwissende, der die Wesen nach ihrer Erschaffung nicht sich selbst überlassen hat:

*"Und er ist's, der im Himmel Gott und auf Erden Gott ist; und er ist der Weise, der Wissende"* (Zuhruf: 43/84).

*"Und gesegnet sei der, des das Reich der Himmel und der Erde ist und was zwischen beiden..."* (Zuhruf: 43/85).

*"Wisse drum, daß es keinen Gott gibt außer Allah, und bitte um Verzeihung für deine Sünde und für die gläubigen Männer und Frauen; und Allah weiß euern Aus und Eingang und eure Wohnung"* (Muhammed: 47/19).

**Auf Gott sollen wir vertrauen**

*"Allah, es gibt keinen Gott außer ihm, und auf Allah sollen die Gläubigen vertrauen"* (Tegâbun: 64/13).

Gott ist frei von niederen Eigenschaften: er isst nicht, trinkt nicht, nimmt sich keine Gefährtin, zeugt nicht, ist nicht gezeugt, irrt sich nicht, schläft nicht, stirbt nicht, ist ewiglebend. Nichts fällt ihm schwer:

*"Allah! es gibt keinen Gott außer ihm, dem Lebendigen, dem Ewigen! Nicht ergreift ihn Schlummer und nicht Schlaf.*

*Sein ist, was in den Himmeln und was auf Erden. Wer ist's, der da Fürsprache einlegt bei ihm ohne seine Erlaubnis? Er weiß, was zwischen ihren Händen ist und was hinter ihnen, und nicht begreifen sie etwas von seinem Wissen, außer was er will. Weit reicht sein Thron über die Himmel und die Erde, und nicht beschwert ihn beider Hut. Denn er ist der Hohe, der Erhabene"* (Bakara: 2/255).

Gott ist barmherzig, er gibt den Menschen Zuversicht und Sicherheit, immerwährend alles erblickend ist er der Herr absoluter Macht:

*"Er ist Allah, außer dem es keinen Gott gibt; der König, der Heilige, der Friedensstifter, der Getreue, der Beschützer, der Mächtige, der Starke, der Hocherhabene. Preis sei Allah, (der erhaben ist) ob dem, was sie ihm beigesellen."* (Haşr: 59/22-23).

**Alles auf Erden und im Himmel - Lebendes wie Unbelebtes - nennt seinen Namen**

*"Er ist Allah, der Schöpfer, der Erschaffer, der Bildner. Sein sind die schönsten Namen. Ihn preiset, was in den Himmeln und auf Erden ist, denn er ist der Mächtige, der Weise"* (Haşr: 59/24).

## GOTT IST DER EINZIGE ERSCHAFFER ALLER DINGE

Der alleinwirkliche Gott, der sich selbst und seine Eigenschaften in dieser Weise beschreibt, ist der Schöpfer aller Dinge. Welten, Kosmos, alle Wesenheiten sind weder zufällig noch aus sich selbst heraus entstanden. Das steht in Übereinstimmung mit Wissenschaft und Vernunft.

Die Verse des Koran appellieren auch hier an unseren Verstand und halten uns zum Nachdenken an:

*"Allah ist's, der die Himmel erhöht hat ohne Säulen, die ihr seht; alsdann setzte er sich auf den Thron und zwang zum*

*Frondienst Sonne und Mond. Alles eilt zu einem bestimmten Termin. Er lenkt alle Dinge; er macht die Zeichen klar. Vielleicht glaubt ihr an die Begegnung mit euerm Herrn"* (Ra'd: 13/2).

*"Siehe, dein Herr, er ist der Schöpfer, der Wissende"* (Hicr: 15/86).

*"Siehe, Allah hat Macht über alle Dinge"* (Fatır: 35/1).

*"Und er ist's, der die Erde ausbreitete und festbegründete (Berge) und Flüsse in sie setzte; und von allen Früchten schuf er auf ihr zwei Arten. Er lässt die Nacht den Tag bedekken. Siehe, hierin sind wahrlich Zeichen für nachdenkliche Leute"* (Ra'd: 13/3).

Gott erschafft, erneuert seine Schöpfung oder bringt völlig neues hervor. Das bedeutet permanentes, fortwährendes Erschaffen:

*"Und er ist's, der die Schöpfung hervorbringt, alsdann läßt er sie wiederkehren, was ihm das leichteste ist. Und sein ist das erhabenste Gleichnis in den Himmeln und auf Erden, und er ist der Mächtige, der Weise"* (Rûm: 30/27).

Dieser und viele ähnliche Verse weisen auf die andauernden Eingriffe Gottes in die Schöpfung hin. Denn Gott ist auch der Beschützer und Entwickler der Geschöpfe.

## WAS WARE, WENN ES GOTT NICHT GÄBE?

Der Gnadenreiche Koran fragt die Ignoranten und heischt von ihnen Antwort. Doch ist es nicht möglich, diese Fragen unter gleichzeitiger Leugnung Gottes zu beantworten:

"Oder wurden sie aus nichts (ohne einen Schöpfer) erschaffen? Oder sind sie gar die Schöpfer ihrer selbst?" (Tûr:

*"Oder erschufen sie die Himmel und die Erde? Doch nein, sie haben keinen festen Glauben"* (Tûr: 52/36).

*"Oder haben sie einen Gott außer Allah? Preis Allah, (der erhaben ist) ob dem, was sie ihm beigesellen"* (Tûr: 52/43).

Diese Fragen, auf die Atheisten und Materialisten keine Antwort wissen, beantwortet der Koran selbst. Gäbe es einen anderen Gott außer Allah, so wären Führung und Leitung im Kosmos gestört. Wir könnten nicht von einem Herrn der Welten sprechen:

*"Gäbe es in beiden (Himmel und Erde) Götter außer Allah, so wären beide verdorben. Doch Preis sei Allah, dem Herrn des Throns, (der erhaben ist) ob dem, was sie aussagen"* (Enbiya: 21/22).

## KORANISCHE BEWEISFÜHRUNG DER EXISTENZ GOTTES

Bei fast allen Gottesbeweisen im Koran handelt es sich um kosmologische, an die Beziehung zwischen Ursache und Resultat gebundene Fakten, die vom Werk ausgehend zum Bewirker führen. Ein anderer Teil verweist auf einen zugrundeliegenden Ratschluß und damit darauf, daß das Weltgeschehen einem Plan folgt:

**1) Tag und Nacht, Sonne und Mond sind Beweise der Existenz Gottes**

*"Und zu seinen Zeichen gehört die Nacht und der Tag und die Sonne und der Mond. Werfet euch weder vor der Sonne nieder noch vor dem Mond, sondern werfet euch nieder vor Allah, der sie erschaffen, so ihr ihm dienet"* (Fussilet: 41/37).

**2) Auch die Blitze, der Regen und andere Naturereignisse beweisen die Existenz Gottes. Der folgende Vers macht auf das Vorhandensein eines Sinnes und einer gottgewollten Ordnung aufmerksam**

*"Und zu seinen Zeichen gehört, daß er euch den Blitz in Furcht und Hoffen zeigt, und daß er Wasser vom Himmel herabsendet und mit ihm die Erde nach ihrem Tode erweckt. Siehe, hierin sind wahrlich Zeichen für einsichtige Leute"* (Rûm: 30/24).

**3) Der kleinste Lebensraum ist die Zelle. Das in ihm enthaltene Protoplasma und dessen Ansprechbarkeit auf Reize sowie seine Temperatur sind die bedeutendsten Anzeichen des Lebens. Enthält der folgende Vers nicht eine Anspielung auf die lebende Zelle?**

*"Siehe, Allah läßt keimen das Korn und den Dattelkern, hervorbringt er das Lebendige auf dem Toten und hervor das Tote aus dem Lebendigen. Das ist Allah, und wie seid ihr abgewendet"* (En'am: 6/95).

**4) Der Mensch selbst ist der größte Beweis für die Existenz Gottes**

*"Und zu seinen Zeichen gehört es, daß er euch aus Staub erschaffen hat. Alsdann, siehe, wur det ihr Menchen, die sich verbreiteten"* (Rûm: 30/20)

**5) Die paarweise Erschaffung aller Dinge, die Beigesellung von Mann und Frau -eben falls ein Zeichen für das Dasein Gottes.**

*"Und zu seinen Zeichen gehört es, daß er euch von euch selbst Gattinnen erschuf, auf daß ihr ihnen beiwohnet, und er hat zwischen euch Liebe und Barmherzigkeit gesetzt. Siehe, hierin sind wahrlich Zeichen für nachdenkliche Leute"* (Rûm: 30/21).

**6) Sind nicht die Verschiedenheit unserer Sprachen und Hautfarben Hinweise für erbliche Bindung und Stammesverbundenheit?**

*"Und zu seinen Zeichen gehört die Schöpfung der Him-*

*mel und der Erde und die Verschiedenartigkeit eurer Zungen und eurer Farben. Siehe, hierin sind wahrlich Zeichen für alle Welt"* (Rûm: 30/22).

**7) Selbst die Gnade des Schlafenkönnens sollte ausreichen, um uns zu Gott zu bringen**

*"Und zu seinen Zeichen gehört euer Schlaf in der Nacht und am Tage und euer Trachten nach seiner Huld. Siehe, hierin sind wahrlich Zeichen für hörende Leute"* (Rûm: 30/23).

**8) Einer der schönsten Beweise ist die Erschaffung der Wolken, die uns zum Nachdenken über den Aufbau von Himmel und Erde anregen**

*"Schauen sie denn nicht zu den Wolken, wie sie erschaffen sind, und zum Himmel, wie er erhöht ward, und zu den Bergen, wie sie aufgestellt worden, und zur Erde, wie sie ausgebreitet ward?"* (Gâşiye: 88/17-20).

**9) Auch die Reptilien, die Vögel und wie sie sich in der Luft halten, fordern zum Nachdenken heraus**

*"Und Allah erschuf alle Tiere (auch: alle Lebewesen) aus Wasser; und unter ihnen sind einige, die auf dem Bauch und andre, die auf zwei Füßen und andre, die auf vieren gehen. Allah schafft, was er will; siehe, Allah hat Macht über alle Dinge"* (Nur: 24/45).

**10) Ein Beweis für die Drehbewegung der Erde und die Macht Gottes:**

*"Und die Berge, die du für fest hältst, wirst du wie Wolken dahingehen sehen: das Werk Allahs, der alle Dinge ordnet! Siehe, er weiß, was er tut."* (Neml: 27/8)

**11) Alles wurde nach einem weisen Plan erschaffen:**

*"Unser Herr, nicht umsonst hast du dies erschaffen. Preis dir! Hüte uns vor der Feuerspein!"* (Al-i İmrân: 3/191).

*"Er läßt das Lebendige aus dem Toten erstehen und läßt das Tote aus dem Lebendigen erstehen, und er belebt die Erde nach ihrem Tode. Und demgemäß werdet ihr erstehen."* (Rûm: 30/19).

## DER MENSCH KANN GOTT MIT DEM VERSTAND FINDEN

Zu allen Zeiten hat Gott den Menschen Propheten und Schriften geschickt, mit denen den Menschen der rechte Weg gewiesen wurde und die dazu dienten, sie vor Abweichungen zu bewahren und Abgewichene auf den richtigen Pfad zurückzuführen. Der Mensch ist aber auch ohne Prophet und Offenbarungsschrift allein mit seinem Verstand zur Erkenntnis Gottes befähigt. Davon gibt der Koran ein schönes Beispiel:

### Wie Abraham zu Gott fand:

*"Und da die Nacht ihn überschattete, sah er einen Stern. Er sprach: 'Das ist mein Herr'. Als er aber unterging, sprach er: 'Nicht liebe ich, was untergeht'. Und als er den Mond aufgehen sah, sprach er: 'Das ist mein Herr'. Und als er unterging, sprach er: 'Wahrlich, wenn mich nicht mein Herr leitet, so bin ich einer der Irrenden'. Und als er die Sonne aufgehen sah, sprach er: 'Das ist mein Herr, das ist das Größte'. Als sie jedoch unterging, sprach er: 'O mein Volk, ich habe nichts mit euern Göttern zu schaffen. Siehe, ich wende mein Angesichts lautern Glaubens zu dem, der die Himmel und die Erde erschaffen, und nicht gehöre ich zu denen, die (Gott) Gefährten geben'."* (En'am: 6/76-79).

Dieser Vers legt in aller Deutlichkeit dar, daß man sich an vergängliche und mit den Augen wahrnehmbare Wesenheiten nicht binden, diese sich nicht zur Gottheit erwählen soll. Der Muslim hat sich dem Abstrakten zuzuwenden.

1. TEIL

# GLAUBE

## BEZIEHUNG ZWISCHEN GOTT UND MENSCH

## VON GOTT AUSGEHENDE BEZIEHUNGEN

## (GLAUBE, GNADE, BARMHERZIGKEIT, SEGNUNG, HILFE)

### I.
### WIR SOLLEN AN GOTT GLAUBEN

*"Du wirst kein Volk finden, das an Allah glaubt und an den Jüngsten Tag und das den liebt, der sich Allah und seinem Gesandten widersetzt, wären es auch ihre Väter oder ihre Söhne oder ihre Brüder oder ihre Sippe. Sie - geschrieben hat er in ihre Herzen den Glauben, und er stärkt sie mit seinem Geiste. Und er führt sie ein in Gärten, durcheilt von Bächen, ewig darinnen zu verweilen. Allah hat Wohlgefallen an ihnen, und sie haben Wohlgefallen an ihm. Sie sind Allahs's Verbündete. Ist's nicht, daß es Allah's Verbündeten wohl ergeht?"* (Mucadele: 58/22).

Intensives Nachdenken über den Aufbau des Alls, über Erde, Himmel, Sterne, Planeten, Berge, Ströme, Pflanzen, Menschen führt uns zum Glauben. Wer an Gott glaubt, wer sich ihm verschreibt, der befreit sich aus der Anbetung der Materie.

Grundlage und Ausgangspunkt für alles ist nach dem Gnadenreichen Koran der Glaube an die Existenz und Alleinigkeit Gottes. Wie der türkische Volksdichter Yunus Emre (gest.um 1321) sagt: "Sinn der Bücher alle vier: Lâ ilâhe illallâh" (Es ist kein Gott außer dem Einigen Gott).

*"Sprecht: 'Wir glauben an Allah und was er zu uns niedersandte, und was er niedersandte zu Abraham und Ismael und Isaak und Jakob und den Stämmen, und was gegeben ward Moses und Jesus, und was gegeben ward den Propheten von ihrem Herrn. Keinen Unterschied machen wir zwischen einem von ihnen; und wahrlich, wir sind Muslime' "* (Bakara: 2/136).

Gottes Gnade ist weitfassend, das sollen wir nutzen:

*"Meine Strafe, ich treffe mit ihr, wen ich will, und meine Barmherzigkeit umfaßt alle Dinge. Und wahrlich, verzeichnen will ich sie für jene, die gottesfürchtig sind und die Armenspende zahlen, und für die, welche an unsere Zeichen glauben: die da folgen dem Gesandten (Muhammed), dem ungelehrten Propheten, von dem sie geschrieben finden bei sich in der Tora und dem Evangelium."* (A'raf: 7/156-157).

Der Gläubige vertraut auf Gott und gibt die Hoffnung auf dessen Hilfe niemals auf - die Grundvoraussetzung seines Glaubens:

*"Verzweifelt nicht an Allah's Erbarmen; siehe, an Allah's Erbarmen verzweifeln nur die Ungläubigen"* (Yusuf: 12/87).

Wer sich auf die Hilfe eines anderen als Gott verläßt, dem ergeht es wie der Spinne: er fußt praktisch auf dem Nichts:

*"Das Gleichnis jener, welche neben Allah Beschützer annehmen, ist das Gleichnis der Spinne, die sich ein Haus machte; und siehe, das gebrechlichste der Häuser ist wahrlich das Haus der Spinne; o daß sie dies doch wüßten!"* (Ankebut: 29/41).

**Wir sollen Gott keine Nebengötter zuschreiben:**

Wer an die Alleinigkeit und absolute Herrschaft Gottes glaubt, der schreibt ihm keine Nebengötter zu. Dies widerspräche auch jeder Logik.Der Glaube des Muslim ist vernunftgemäß und logisch. Der Koran macht Front gegen Vielgötterei und ermahnt die Muslime. Der Islam hat allem, was dem Eingottesglauben zuwiderläuft, den Krieg erklärt.

Wer Gott Teilhaber zuschreibt, gleicht einem Brocken, der vom Himmel fallend zur Beute der Vögel wird:

*"Seid lauter gegen Allah, ohne ihm Gefährten zu geben; denn wer Allah Gefährten gibt, ist wie das, was vom Himmel fällt und von den Vögeln erhascht oder vom Wind zu einem fernen Ort verweht wird"* (Hacc: 22/31).

Wer Nebengötter zu erkennen glaubt, muß an Sehstörungen leiden:

*"Oder haben sie Allah Gefährten gegeben, die erschaffen haben, wie er erschuf, so daß ihre Schöpfung ihnen gleich (der seinigen) vorkommt?"* (Ra'd: 13/16).

*"Und die meisten von ihnen glauben nicht an Allah, indem sie ihm nicht auch Gefährten geben"* (Yusuf: 12/106).

*"Wer Allah Götter beigesellt, der hat eine gewaltige Sünde ersonnen"* (Nisa: 4/48).

Niemand ist der Teilhaberschaft Gottes würdig:

*"Es gibt keinen Gott außer ihm. Preis ihm, (er steht hoch) über dem, was sie neben ihn setzen"* (Tevbe: 9/31).

Wer Vielgötterei treibt, dem wird nicht vergeben; es ist offenbare Lästerung:

*"Siehe, Allah vergibt es nicht, daß ihm Götter zur Seite gesetzt werden, doch vergibt er alles außer diesem, wem er will. Wer Allah Götter an die Seite setzt, der ist weit abgeirrt"* (Nisa: 4/116).

*"Wer da hoffet, seinem Herrn zu begegnen, der wirke ein rechtschaffen Werk, und bete niemanden neben seinem Herrn an"* (Kehf: 18/110)

**Wir sollen Andersgläubige nicht beschimpfen**

Das schönste Beispiel für Toleranz ist die vor vierzehnhundert Jahren ergangene Ermahnung des Gnadenreichen Koran:

*"Und schmähet nicht diejenigen, die sie außer Allah anrufen, daß sie Allah in Feindschaft aus Unwissenheit schmähen"* (En'am: 6/108).

**Wer nicht an Gott glaubt:**

*"Das Gleichnis derer, die nicht an ihren Herrn glauben, ist: ihre Werke sind gleich Asche, welche der Wind an einem Tag des Sturms zerstreut. Ihre Werke sollen ihnen nichts frommen. Das ist der tiefe Irrtum"* (İbrahim: 14/18)

**Wir sollen Gott nicht "Vater" nennen**

Unsere Religion verbietet es, Gott "Vater" zu nennen, eine Eigenschaft, die potentielle Vielgötterei einschließt und als Lästerung gilt. Es ist eine schwere Sünde, Gott mit Eigenschaften und Verhaltensweisen der Menschen, wie Paarung, Vermehrung usw. auch nur gedanklich in Verbindung zu bringen. Hier unterscheidet sich der Islam am deutlichsten vom Christentum, weil dieses Gott mit Attributen der Unvollkommenheit in Verbindung bringt. Der Christ nennt den Propheten Jesus Gottes Sohn (Gott bewahre uns!) und bezeichnet Gott als "Vater". Gegen diese irrige Auffassung bezieht der Koran Stellung und ermahnt die Mulsime:

• 1) *"Und sie sprechen: 'Gezeugt hat der Erbarmer einen Sohn'. Wahrlich, ihr behauptet ein ungeheuerlich Ding. Fast möchten die Himmel darob zerreißen, und die Erde möchte sich spalten, und es möchten die Berge stürzen in Trümmer, daß sie dem Erbarmer einen Sohn beilegen, dem es nicht geziemt, einen Sohn zu zeugen. Keiner in den Himmeln und auf Erden darf sich dem Erbarmer anders nahen wie als Sklave."* (Meryem: 19/88-94).

• 2) *"Der Schöpfer der Himmel und der Erde, woher sollte er ein Kind haben, wo er keine Gefährtin hat? Und geschaffen hat er jedes Ding und er kennt jedes Ding".* (En'am: 6/101).

• 3) *"...und um jene zu warnen, die da sprechen, Allah habe einen Sohn gezeugt, wovon weder ihnen noch ihren Vätern Wissen ward. Ein schlimmes Wort, das aus ihrem Munde kommt! Sie sprechen nichts als Lüge."* (Kehf: 18/4-5).

• 4) *"Denn er - erhöht sei die Herrlichkeit unsers Herrn!- hat sich keine Genossin genommen und keinen Sohn."* (Cin: 72/3).

### Wir sollen Gott lieben

Über allem steht die Liebe. Wo keine Liebe ist, herrschen Haß, Abscheu und Blut. Wenn der Mensch Gott liebt, so ist er imstande, auch alles zu lieben, was Gott erschaffen hat. Ist Gott die Quelle der Liebe, dann ist er auch ihr Maß. Dann liebt der Mensch um Gottes willen. Abdullah Ibni Mesud sagt: "Beim Lesen des Koran kann der Mensch merken, ob er Gott wirklich liebt". Wem das Lesen oder Anhören des Koran Genuß bereitet, der liebt Gott.

• 1) Die Liebe zu Gott bedingt die Liebe zum Propheten Muhammed: *"Sprich: 'So ihr Allah liebt, so folget mir. Lieben wird euch Allah und wird euch eure Sünden verzeihen"* (Al-i İmran: 3/31).

• 2) Das Anzeichen der Liebe ist Opferwilligkeit: *"Nimmer erlangt ihr die Gerechtigkeit, ehe ihr nicht spendet von dem, was ihr liebt; und was immer ihr spendet, siehe, Allah weiß es."* (Al-i İmran: 3/92).

• 3) Die Liebe zu Gott und dem Propheten hat über allem

zu stehen: "*Sprich: 'So eure Väter und eure Söhne und eure Brüder und eure Weiber und eure Sippe und das Gut, das ihr erworben, und die Ware, deren Unverkäuflichkeit ihr befürchtet, und die Wohnungen, die euch wohlgefallen, euch lieber sind als Allah und sein Gesandter und das Eifern in seinem Weg, so wartet, bis Allah mit seinem Befehl kommt'. Und Allah leitet nicht die Frevler.*" (Tevbe: 9/24).

## Und Gott liebt uns

Wer Gott liebt, den liebt Gott auch. Wen liebt Gott? Den Menschen, der gerecht ist, der sich vor Sünden hütet, der Gutes tut, der auf Gott vertraut und geduldig ist, der Buße tut.

• 1) Gott liebt den, der seinen Verpflichtungen nachkommt: "*Wer seiner Verplichtung nachkommt und gottesfürchtig ist - siehe, Allah liebt die Gottesfürchtigen.*" (Al-i İmran: 3/76).

• 2) Er liebt den Gerechten: "*Und so du richtest, richte zwischen ihnen in Gerechtigkeit. Siehe, Allah liebt die Gerechtigkeit Übenden.*" (Mâide: 5/42).

• 3) Er liebt den, der Gutes tut: "*...Und vergib ihnen und verzeih; siehe, Allah liebt die Gutes Tuenden.*" (Mâide: 5/13).

## Wen liebt Gott nicht?

Gott liebt und beschützt die, die den von ihm gewiesenen Weg beschreiten. Bestimmte von seinen Knechten aber liebt er nicht: den Unruhestifter, den Bedrücker, den Verschwender, den Leugner, den Hochmütigen, den Prahler, den Verräter, den Maßlosen, den Aufsässigen wider Gott und den hartnäckigen Sünder.

• 1) Er liebt nicht den Verderbenstifter: "*...und trachte nicht nach Verderben auf Erden; siehe, Allah liebt nicht die Verderbenstifter.*" (Kasas: 28/77).

• 2) Gott liebt nicht den Ungerechten: "*Und Allah liebt nicht die Ungerechten.*" (Al-i İmran: 3/57).

• 3) Er liebt nicht den Unmäßigen: "*...und schweifet nicht aus; siehe, er liebt nicht die Ausschweifenden.*" (Araf: 7/31).

• 4) Er liebt nicht den Leugner, den Ungläubigen: "*Auf daß er aus seiner Huld jene belohnt, die da glaubten und das Rechte taten. Siehe, er liebt nicht die Ungläubigen*". (Rûm: 30/45)

"*So gehorchet Allah und gehorchet dem Gesandten; kehrt ihr jedoch den Rücken - so liegt unserem Gesandten nur die offenkundige Predigt ob.*" (Teğabun: 64/12).

"*So fürchtet Allah mit allem Vermögen und höret und gehorchet und spendet zum Besten eurer selbst. Und wer sich hütet vor seiner eigenen Habsucht, denen wird es wohl ergehen.*" (Tegabun: 64/16).

"*...Drum verrichtet das Gebet und entrichtet die Armenspende und haltet fest an Allah. Er ist euer Gebieter, und herrlich ist der Gebieter und herrlich der Helfer!*" (Hacc: 22/78).

**Nichts sollte uns vom Gedenken Gottes abhalten!**

"*O ihr, die ihr glaubt! Lasset euch nicht durch euer Gut und eure Kinder von dem Gedenken an Allah abbringen. Wer solches tut, das sind die Verlorenen.*" (Munafikûn: 63/9).

"*Die, welche glauben und deren Herzen in Frieden sind im Gedenken an Allah.*" (Râd: 13/28).

"*Fürchtet Allah und gehorchet ihm.*" (Şuara: 26/150).

"*O ihr, die ihr glaubt, fürchtet Allah und glaubt an seinen Gesandten; zwei Anteile seiner Barmherzigkeit wird er euch geben und wird euch ein Licht machen, in dem ihr wandeln sollt, und er wird euch vergeben; denn Allah ist verzeihend und barmherzig.*" (Hadîd: 58/28).

## II.
## WIR SOLLEN AN DIE ENGEL GLAUBEN

Die Engel sind Geistwesen Gottes, denen er eine Vielzahl von Aufgaben anvertraut hat. Ihr Wirken ist stets auf das Wohl des Menschen gerichtet. Allein schon in der Befähigung, an ihre Existenz zu glauben, liegt eine Wohltat für den Menschen.

In unserer Zeit dürfte es leichter fallen, an Engel zu glauben als in früheren Zeiten. Jemandem eine Antwort zu erteilen, der sich stereotyp äußert: "Ich sehe sie nicht. Was ich nicht sehe, daran glaube ich nicht", ihn eines anderen zu überzeugen, ist jetzt eher möglich. Wer um die Existenz der Radio-und sonstigen Wellen in seiner eigenen Behausung weiß, dem wird es jetzt schwerfallen, die Existenz solcher Wesen allein mit der Bemerkung abzutun, er könne sie schließlich nicht sehen. Der Vers weist daraufhin, daß die Wohltat der Frömmigkeit auch den Glauben an die Engel einschließt:

*"Nicht besteht die Frömmigkeit darin, daß ihr eure Angesichter gen Westen oder Osten kehret; vielmehr ist fromm, wer da glaubt an Allah und den Jüngsten Tag und die Engel und die Schrift und die Propheten."* (Bakara: 2/177).

### Aufgaben und besondere Beschaffenheit der Engel

Gott sendet die Engel zur Hilfeleistung und als Überbringer froher Botschaft:

*"Ihr schriet zu eurem Herrn um Hilfe, und er antwortete euch: 'Siehe, ich helfe euch mit tausend Engeln, einer hinter dem anderen'. Und Allah tat dies nur als Freudenbotschaft, und um damit eure Herzen zu beruhigen; denn nur bei Allah ist die Hilfe; siehe, Allah ist mächtig und weise."* (Enfâl: 8/9-10).

### Die Engel sind die Boten, die Gesandten Gottes:

*"Das Lob sei Allah, dem Schöpfer der Himmel und der*
*"Und zu seinen Zeichen gehört es, daß er euch aus Staub*

*Erde, der die Engel zu Boten macht, versehen mit Flügeln in Paaren, zu dritt und zu viert."* (Fâtır: 35/1).

**Die Engel sind die unsichtbaren Soldaten Gottes:**

Es ist die Gewohnheit Gottes, die Scharen seiner Engel dorthin zu entsenden, wo treue Diener in unterlegener Zahl oder mit unterlegenen Mitteln einen Kampf um die gerechte Sache auszufechten haben:

*"Alsdann sandte Allah seine Gegenwart auf seinen Gesandten und auf die Gläubigen nieder und sandte Heerscharen hernieder, die ihr nicht sahet, und strafte die Ungläubigen."* (Tevbe: 9/26).

*"O ihr, die ihr glaubt, gedenket der Gnade Allah's wider euch, da Heerscharen zu euch kamen und wir wider sie einen Wind und euch unsichtbare Heerscharen entsandten."* (Ahzab: 33/9).

**Gehorsamkeit ist die Natur der Engel:**

Williger Gehorsam ist die anerschaffene Wesensart der Engel. Was ihnen anbefohlen wird, führen sie aus. Sie haben garkeine andere Wahl. Der Mensch aber hat die Wahl, und das macht seine Größe aus:

*"Über das Feuer (der Hölle) sind Engel eingesetzt, starke und gestrenge, die gegen Allah's Befehl nicht widerspenstig sind und tun, was sie geheißen sind."* (Tahrim: 66/6).

*"Und als wir zu den Engel sprachen: 'Werfet euch nieder vor Adam', da warfen sie sich nieder bis auf İblîs, der sich in Hoffart weigerte und einer der Ungläubigen ward."* (Bakara: 2/34).

## BEZIEHUNGEN ZWİSCHEN ENGEL UND MENSCH

Zwischen Engel und Mensch besteht seit jeher eine enge Beziehung. Die Engel haben sich vor dem Menschen prosterniert: *"Und als wir zu den Engeln sprachen: 'Werfet euch nieder', da warfen sie sich nieder bis auf İblîs".* (Bakara: 2/34)

**Die Engel stärkten den Propheten und die Gläubigen**

*"Siehe, diejenigen, welche sprechen: 'Unser Herr ist Allah' und dann sich wohl verhalten, auf die steigen die Engel hernieder: 'Fürchtet euch nicht und seid nicht traurig, sondern vernehmt die Freudenbotschaft vom Paradies, das euch verheißen ward. Wir sind eure Schützer im irdischen Leben und im Jenseits, und euch wird sein in ihm, was eure Seelen begehren, und ihr sollt haben in ihm, wonach ihr rufet. Eine Aufnahme von einem Vergebenden, Barmherzigen!"* (Fussilet: 41/30-32)

*"Als du zu den Gläubigen sprachst: ',Genügt es euch denn nicht, daß euer Herr auch mit dreitausend herniedergesendeten Engeln hilft? -Ja, wenn ihr standhaft und gottesfürchtig seid und sie über euch kommen in wilder Hast, wird euer Herr euch helfen mit fünftausend gezeichneten engeln'".* (Al-i İmran: 3/124-125)

*"Und als dein Herr den Engeln offenbarte: " 'Ich bin mit euch, festigt drum die Gläubigen.' "* (Enfâl: 8/12)

**In der Todesstunde frohe Botschaft durch die Engel:**

*"Zu den Rechtschaffenen sprechen die Engel, wenn sie dieselben zu sich nehmen: 'Frieden sei auf euch! Tretet ein ins Paradies für euer Tun'".* (Nahl: 16/32)

**Oder quälende Heimsuchung:**

*"Sähest du nur die Engel die Ungläubigen zu sich nehmen, wie sie ihnen ihr Gesicht und den Rücken schlagen und (sprechen): 'Schmecket die Strafe des Verbrennens!"* (Enfâl: 8/50)

*"Wie aber wird's sein, wenn die Engel sie zu sich neh-*

*men und sie aufs Gesicht und den Rücken schlagen!"* (Muhammed: 47/27)

**Aufzeichnung guter und übler Taten:**

"Kiramen Kâtibîn", edle Schreiber, das ist die Bezeichnung ür Engel, welche die guten und die bösen Taten eines jeden Menschen aufzeichnen. Nichts von dem, was uns auch nur durch den Sinn geht, bleibt unvermerkt. Wie auf einem Band, auf einem Film wird alles aufenomme und gespeichert, ohne daß wir etwas davon bemerken. Unz zwar wird von diesen Engeln alles Wohlgetane sofort aufgezeichnet, Übeltat und Sünde dagegen erst nach einer bestimmten Wartefrist, die dem Menschen die Möglichkeit geben soll, Abbitte und Buße zu tun. *"Aber siehe, über euch sind wahrlich Hüter, edle, schreibende, welche wissen, was ihr tut."* (İnfitâr: 82/10-12).

*"Wenn die zwei Begegner sich begegnen, zur Rechten und zur Linken sitzend, wird er kein Wort sprechen; doch ist neben ihm ein bereiter Wächter."* (Kâf: 50/17-18)

**Fürbitte, Segen und Anleitung zum Guten durch die Engel:**

*"Diejenigen, welche den Thron tragen, und die, welche ihn umgeben, lobpreisen ihren Herrn und glauben an ihn und erbitten Verzeihung für die Gläubigen: 'Unser Herr, du umfassest alle Dinge in Barmherzigkeit und Wissen; so vergib denen, die sich bekehren und deinen Pfad befolgen, und schütze si vor der Strafe de Höllenpfuhls."* (Mu'min: 40/7).

*"Und wie viele der Engel in den Himmeln sind, ihre Fürbitte frommt nichts, außer nachdem Allah Erlaubnis gab, wem er will und wer ihm beliebt"* (Necm: 53/26)

**Wir sollen uns die Engel nicht zu Feinden machen:**

*"Sprich: 'Wer Gabriels Feind ist', - denn er ist's, der deinem Herzen mit Allahs Erlaubnis (den Koran) offenbarte, als*

*eine Bestätigung des Früheren und eine Leitung und eine Heilsbotschaft für die Gläubigen: wer ein Feind ist Allahs und seiner Engel und seiner Gesandten und Gabriels und Michaels, (den trifft Allahs Zorn) denn siehe, Allah ist ein Feind der Ungläubigen."* (Bakara: 2/97-98)

AUCH AN DİE EXISTENZ
SATANS UND DER DSCHINN IST ZU GLAUBEN

Es ist für jeden Muslim Pflicht, auch an die Existenz der Dschinn zu glauben, weil diese vom Gnadenreichen Koran bezeugt wird. Es handelt sich um nichtkörperliche Wesen, bei denen es - wie bei uns Menschen - Gute und Böse gibt:

*"Und da wir zu den Engeln sprachen: ' Werfet euch nieder vor Adam', da warfen sie sich nieder außer İblîs, welcher von den Dschinn war und wider seines Herrn Befehl frevelte."* (Kehf: 18/50)

**Von den Dschinn können Einflüsterungen und Übles kommen:**

*"Sprich: 'İch nehme meine Zuflucht zum Herrn der Menschen, dem König der Menschen, dem Gott der Menschen, vor dem Übel des eiflüsterers, des Entweichers, der da einflüstert in die Brüste der Menschen - vor den Dschinn und den Menschen".* (Nâs: 114/1-6)

**Die Dschinn lauschen dem Koran:**

*"Und (gedenke), da wir eine Schar Dschinn dir zuwandten, auf den Koran zu hören; und da sie zugegen waren, sprachen sie: 'Schweigt'. Und da (seine Verlesung) beendet war, kehrten sie zu ihrem Volk als Warnende heim".* (Ahkaf: 46/29)

*"Sie sprachen: 'O unser Volk, siehe, wir haben ein Buch gehört, das nach Moses hinabgesandt ward, bestätigend das ihm Vorausgegangene. Es leitet zur Wahrheit und zu einem rechten Weg".* (Ahkaf: 46/30)

**Auch die Dschinn zum Gottesdienst erschaffen:**

*"Und die Dschinn und die Menschen habe ich nur dazu erschaffen, daß sie mir dienen".* (Zâriyat: 51/56)

Dar Satan ist aus Feuer erschaffen. Deshalb hielt er sich für etwas besseres und widersetzte sich Gott. So der Verdammung anheimgefallen, wandte er sich gegen die Menschen. Als Ursache und Quelle des Üblen muß auf ihn geachtet werden, weil er das materiebezogene Leben, die Genußsucht repräsentiert.

Der Satan hielt sich für überlegen und lehnte sich gegen Gott auf. Gott verwies ihn des Paradieses:

*"Er sprach: 'Was hinderte dich, dich niederzuwerfen, als ich es dich hieß?' Er sprach: 'Ich bin besser als er. Du hast mich aus Feuer geschaffen, ihn aber erschufst du aus Ton"* (A'raf: 7/12)

*"Er sprach: 'Hinab mit dir aus ihm (dem Paradies)! Nicht ist dir erlaubt, hoffärtig in ihm zu sein. Drum hinaus mit dir, siehe, du bist einer der Gedemütigten' ".* (A'raf: 7/13)

## SATAN UND MENSCH

Die konträren Beziehungen zwischen Mensch und Satan bestehen seit der Erschaffung Adams. Satan erblickte in diesem einen Konkurrenten. Und weil dieser aus Ton erschaffen war, hielt er sich für überlegen. Dieser Hochmut verführte ihn zum Aufbegehren. Er gab Adam und Eva die verbotene Frucht zu essen. Seither ist er unser Widersacher, bei jeder sich bietenden Gelegenheit sucht er uns zum Üblen zu verleiten und auf schlechte Wege zu führen.

**Satan sieht seine Aufgabe darin,**
**die Menschen zu verführen:**

*"Er sprach: 'Darum, daß du mich in die Irre geführt hast, will ich ihnen auflauern auf deinem rechten Wege; alsdann*

*will ich über sie kommen von vorn und von hinten, von ihrer Rechten und von ihrer Linken, und nicht sollst du die Mehrzahl von ihnen dankbar finden".* (A'raf: 7/16-17)

**Gott warnt die Menschen vor dem Übel des Satans:**

*"Er sprach: 'Hinaus aus ihm (dem Paradies), verachtet und verstoßen! Wahrlich, wer von ihnen dir folgt, mit euch allzumal erfülle ich Dschehannam!' "* (A'raf: 7/18)

*"Machte ich nicht einen Bund mit euch, ihr Kinder Adams: Dienet nicht dem Satan, siehe, er ist euch ein offenkundiger Feind; sondern dienet mir, das ist ein rechter Pfad?"* (Yasin: 36/60-61)

*"Aber wahrlich, nun führte er eine große Schar von euch irre. Hattet ihr denn keine Einsicht?"* (Yasin: 36/62)

*"O ihr Menschen...der Betrüger betrüge euch nicht in betreff Allahs. Siehe, der Satan ist euch ein Feind. So haltet ihn als einen Feind..."* (Fatır: 35/5-6)

## III.
## WIR SOLLEN AN DIE OFFENBARUNGSBÜCHER GLAUBEN

Die Offenbarungsbücher sind die Dokumente der Beziehungen, die Gott zwischen sich und den Menschen begründet hat. Auch an sie ist zu glauben:

*"Es glaubt der Gesandte an das, was zu ihm herabgesandt ward von seinem Herrn, und die Gläubigen alle glauben an Allah und seine Engel und seine Schriften und seine Gesandten".* (Bakara: 2/285)

Anfangs nur in Gestalt von Schriften mit geringem Umfang hat Gott dann im Verlauf der Menschheitsgeschichte seine Gesetze in Form von vier großen Offenbarungsbücher erlassen: Tora, Psalter, Evangelium und Koran. Die drei erstgenannten sind mit der Zeit verfälscht worden und haben ihre Originalität eingebüßt. Augenscheinlich dadurch, daß es versäumt worden ist, sie sofort nach der Herabsendung niederzuschreiben, gingen sie verloren bzw. wurden verändert. Ungeachtetdessen glauben wir an sie.

**Wir glauben an die Tora:**

*"Aber vor ihm war das Buch Mosis, eine Richtschnur und eine Barmherzigkeit"* .(Ahkaf: 46/12)

*"Und da Jesus, der Sohn der Maria, sprach: 'O ihr Kinder Israil, siehe, ich bin Allahs Gesandter an euch, bestätigend die Tora, die vor mir war, und einen Gesandten verkündigend, der nach mir kommen soll, des Name Ahmed (*) ist' "*. (Sâff: 61/6)

**Die Tora wurde verfälscht bzw. verändert:**

*"Sprich: 'Wer hat hinabgesandt das Buch, das Moses brachte als ein Licht und eine Leitung für die Menschen, das ihr auf Pergament schriebt, es offenkund machend, doch viel verbergend, wiewohl euch gelehrt ward, was ihr nicht wußtet noch eure Väter?' "* (En'am: 6/91)

*"Wünscht ihr, daß sie (die Juden) euch Glauben schenken? Aber ein Teil von ihnen hat Allahs Wort vernommen und verstanden und hernach wissentlich verkehrt"*. (Bakara: 2/75)

*"Unter den Juden gibt's welche, die die Stellung der Wörter verkehren..."* (Nisa: 4/46)

**Wir sollen an den Psalter glauben:**

*"..Und wir gaben David den Psalter"*. (Nisa: 4/163)

*"Und wahrli chwir bevorzugten die einen der Propheten vor den andern, und wir gaben David die Psalmen"*. (İsra: 17/55)

---

(*) Ahmed bedeutet wie Muhammed: Der Gepriesene.

**Wir sollen an das Evangelium glauben:**

*"Herabgesandt hat er auf dich das Buch in Wahrheit, bestätigend, was ihm vorausging. Und herabsandte er die Tora und das Evangelium zuvor als Leitung für die Menschen"* (Al-i İmran: 3/3-4)

*"O ihr Volk der Schrift, ihr fußet auf nichts, ehe ihr nicht erfüllet die Tora und das Evangelium"* (Mâide: 5/68)

*"Sie sollen kämpfen in Allahs Weg und töten und getötet werden. Eine Verheißung hierfür ist gewährleistet in der Tora, im Evangelium und im Koran; und wer hält seine Verheißung getreuer als Allah ?"* (Tevbe: 9/111)

*"...Und wir ließen Jesus, den Sohn der Maria, folgen und gaben ihm das Evangelium".* (Hadîd: 57/27)

Wie die Tora, so ist auch das Evangelium seiner ursprünglichen Gestalt entkleidet worden. Als Beweis dafür braucht nur auf die vielen verschiedenen Evangelien verwiesen zu werden, die im Umlauf sind.

## DER GNADENREICHE KORAN - DAS LETZTE BUCH GOTTES

**Der Koran ist Rechtleitung:**

*"Herabgesandt hat ihn der heilige Geist (Gabriel) von deinem Herrn in Wahrheit, um die Gläubigen mit ihm zu stärken, und als eine Leitung und Heilsbotschaft für die Muslime".* (Nahl: 16/102)

**Der Koran ist in arabischer Sprache offenbart worden:**

*"Hinab kam mit ihm der getreue Geist auf dein Herz, damit du einer der Warner seiest in offenkundiger arabischer Zunge"* (Şuarâ: 26/193-195)

**Der Koran ist Warnung:**

*"Und dieses Buch, das wir hinabsandten, ist gesegnet; es bestätigt das Frühere, und verwarnen sollst du (mit ihm) die Mutter der Städte (Mekka) und wer rings um sie (wohnt). Wer da glaubt an das Jenseits, glaubt daran und gibt wohl acht auf seine Gebete".* (En'am: 6/92)

*"Und wir sandten hinab zu dir das Buch in Wahrheit, bestätigend, was ihm an Schriften vorausging, und Amen darüber sprechend. Drum richte zwischen ihnen nach dem, was Allah hinabsandte, und folge nicht ihren Gelüsten, (abweichend) von der Wahrheit, die zu dir gekommen".* (Mâide: 5/48)

**Die Offenbarung des Koran begann im Ramadân:**

*"Der Monat Ramadân, in welchem der Koran herabgesandt wurde als eine Leitung für die Menschen und als Zeugnis der Leitung und Unterscheidung...."* (Bakara: 2/185)

**Der Koran ist von Gott -**
**Er wird ihn vor Fälschung bewahren:**

*"Siehe, wir sandten die Warnung herab, und siehe, wir wollen sie hüten".* (Hicr: 15/9)

*"Verlies, was dir von dem Buch deines Herrn geoffenbart ward, dessen Wort niemand verändert, und nimmer findest du außer ihm ein Asyl".* (Kehf: 18/27)

**Der Koran wurde nach und nach offenbart -**
**eine weise Maßnahme:**

*"Und es sprechen die Ungläubigen: 'Warum ist nicht der Koran auf einmal auf ihn herabgesandt ?' Also (geschah's, d.h. nach und nach) damit wir dein Herz damit festigten, und wir trugen ihn langsam und deutlich vor".* (Furkân: 25/32)

**Eine immerwährende Herausforderung:**

Vor 15 Jahrhunderten ist der Koran als eine Herausforderung an die Menschen und Dschinn ergangen. Diese Herausforderung ist noch immer unbeantwortet. Sie wird es bleiben bis zum Jüngsten Tag, weil je weiter die Wissenschaft fortschreitet, es immer leichter erkennbar werden wird, daß der Koran wirklich göttliche Offenbarung ist. Zunächst richtet sich die Herausforderung der Koranverse an die Menschen:

*"Und so ihr in Zweifel seid über das, was wir auf unsern Diener (Muhammed) herniedersandten, so bringt eine gleiche Sure hervor und rufet eure Götzen zu Zeugen, so ihr wahrhaft seid".* (Bakara: 2/23)

*"Sprich: 'Wahrlich, wenn sich auch die Menschen und die Dschinn zusammentäten, um einen Koran gleich diesem hervorzubringen, sie brächten keinen gleichen hervor, auch wenn die einen den anderen beistünden".* (İsra: 17/88)

**Und wenn sie es nicht zuwegebringen?**

*"Wenn ihr's jedoch nicht tut - und ihr vermögt es nimmer - so fürchtet das Feuer, dessen Speise Menschen und Steine sind und das bereitet ward für die Ungläubigen".* (Bakara: 2/24)

**Dann...**

*"Und sie sprechen: 'Er hat ihn (den Koran) ersonnen'. Sprich: 'So bringt zehn gleiche Suren her, (von euch) erdichtet, und rufet an, wen ihr vermögt, außer Allah, so ihr wahrhaft seid. Und wenn sie euch nicht erhören, so wisset, daß er (der Koran) nur in Allahs Weisheit hinabgesandt wurde und daß es keinen Gott außer IHM gibt. Seid ihr nun Muslime ?"* (Hûd: 11/13-14)

**Dann...**

*"Nicht ist er (der Koran) eine ersonnene Geschichte, sondern eine Bestätigung dessen, was ihm vorausging, und eine*

*Erklärung aller Dinge und eine Leitung und Barmherzigkeit für ein gläubig Volk".* (Yusuf: 12/111)

**Berge würde er spalten...**

*"Hätten wir diesen Koran auf einen Berg herabgesandt, du hättest ihn sich erniedrigen und aus Furcht vor Allah sich spalten sehen. Diese Gleichnisse stellen wir für die Menschen auf, auf daß sie nachdenklich werden".* (Haşr: 59/21)

**Mithin gilt es, auf ihn zu hören...**

*"Und wenn der Koran verlesen wird, so höret zu und schweiget; vielleicht findet ihr Barmherzigkeit".* (A'raf: 7/204)

**...und sich an ihn zu halten:**

*"Und die, welche festhalten an der Schrift und das Gebet verrichten - siehe, nicht lassen wir den Lohn der Rechtschaffenen verlorengehen".* (A'raf: 7/170)

Auch an all das zu glauben, was im Koran über Angelegenheiten von Glaube und Gottesdienst hinausgeht, nämlich moralisch-sittliche, rechtliche, administrative, familienbezogene und andere Bestimmungen und Anordnungen, ist bindende Verpflichtung.

## IV.

## WIR SOLLEN AN DIE PROPHETEN GLAUBEN

Um der Menschheit seine Gebote und Empfehlungen zu übermitteln und ihr den Weg zum Erfolg in dieser und zum Glück in jener Welt zu weisen, hat Gott Propheten erkoren, die ihr Leben dem Menschen zu weihen und ihn vor dem Untergang im Sumpf des Materiellen zu bewahren hatten.

*'O mein Volk, dienet Allah; ihr habt keinen Gott außer ihm. Wollt ihr (ihn) nicht fürchten?' ".* (A'raf: 7/65)

**Überbringer froher Botschaft und Warner:**

*"Die Menschen waren eine Gemeinde; und dann entsandte Allah Propheten als Freudenboten und Mahner '.* (Bakara: 2/213)

**Wer die Propheten leugnet ist verloren:**

*"Siehe, die, welche nicht an Allah glauben und an seine Gesandten und einen Unterschied machen wollen zwischen Allah und seinen Gesandten und sprechen: 'Wir glauben an einige und glauben an andre nicht', und einen Weg dazwi schen einschlagen wollen: jene sind die wahren Ungläubigen, und den Ungläubigen haben wir schändende Strafe bereitet".* (Nisâ: 4/150-151)

**Propheten sind Menschen - sie leben und sterben wie jeder andere:**

*"Allah erwählt aus den Engeln Gesandte und aus den Menschen. Siehe, Allah ist hörend und schauend".* (Hacc: 22/75)

*"Sprich: 'Wenn die Engel auf Erden vertraulich wandelten, wahrlich, dann hätten wir ihnen von Himmel einen Engel als Gesandten hinabgeschickt' ".* (İsrâ: 17/95)

*"Demgemäß entsandten wir zu euch einen Gesandten aus euch, euch unsre Zeichen zu verlesen und euch zu reinigen und euch das Buch und die Weisheit zu lehren und euch zu lehren, was ihr nicht wußtet".* (Bakara: 2/151)

*"Und vor dir entsandten wir keine Gesandten, die nicht Speise aßen und auf den Basaren wandelten....".* (Furkan: 25/20)

**Jedem Volk sein Prophet:**

*"Und wahrlich, wir entsandten zu jedem Volk einen Gesandten (zu predigen): 'Dienet Allah und meidet den Tâgûth (Satan)'....".* (Nahl: 16/36)

*"Bei Allah, schon vor dir schickten wir Gesandte zu den Völkern, und der Satan putzte ihnen ihre Werke aus; und heute ist er ihr Beschützer, doch wird sie schmerzliche Strafe treffen".* (Nahl: 16/63)

*"Siehe, wir entsandten dich in Wahrheit als einen Freudenboten und Warner, und es gibt kein Volk, in dem nicht ein Warner gelebt hätte".* (Fatır: 35/24)

**Keine Strafe für ein Volk, an das kein Prophet entsandt wurde:**

*"...wir straften nicht eher, als wir einen Gesandten schickten".* (İsrâ: 17/15)

**Der Koran nennt die Namen von 25 Propheten; an alle glauben wir:**

Nach einer Überlieferung sollen im Verlauf der Menschheitsgeschichte einhundertvierundzwanzigtausend Propheten aufgetreten sein, von denen der Koran aber nur fünfundzwanzig namentlich anführt. Fast alle dieser Namen kommen in den folgenden Versen vor:

*"Und dies ist unser Beweis, den wir Abraham wider sein Volk gaben. Wir erhöhen zu (den) Stufen (der Weisheit), wen wir wollen; siehe, dein Herr ist weise und wissend. Und wir schenkten ihm Isaak und Jakob und leiteten beide; und Noah leiteten wir zuvor; und aus seinen Nachkommen den David und Salomo und Hiob und Joseph und Moses und Aaron; und also Johannes und Jesus und Elias; alle waren Rechtschaffene; und Ismael und Elisa und Jonas und Lot, alle begnadeten wir vor den Geschöpfen".* (En'am: 6/83-86)

*"Siehe, Allah erwählte Adam und Noah und das Haus Abraham und das Haus 'Imrân vor allen Menschen; eins der anderen Samen, und Allah ist hörend und wissend".* (Al-i İmrân: 3/33-34)

*"Und zu Ad sandten wir ihren Bruder Hûd. Er sprach:*

*"Und zu Thamûd (entsandten wir) ihren Bruder Sâlih....".* (Hûd: 11/61)

*"Und zu Midian (entsandten wir) ihren Bruder Schoeib".* (Hûd: 11/84)

*"Und Ismael und Idris und Zul-Kifl- alle waren standhaft. Und wir führten sie ein in unsre Barmherzigkeit; siehe, sie waren rechtschaffen".* (Enbiya: 21/85-86)

**Aufgabe der Propheten:
die Eingotteslehre verbreiten, die Menschen
aus der Vielgötterei befreien, zur ewigen Seligkeit leiten:**

Zwei Beispiele:

*"Der Lüge zieh das Volk Noahs die Gesandten, da ihr Bruder Noah zu ihnen sprach: 'Wollt ihr nicht gottesfürchtig sein? Siehe, ich bin euch ein getreuer Gesandter; so fürchtet Gott und gehorchet mir. Und ich verlange dafür keinen Lohn von euch; mein Lohn ist allein beim Herrn der Welten. So fürchtet Gott und gehorchet mir"* (Şuarâ: 26/105-110)

*"Da Schoeib zu (den Waldbewohnern) sprach: 'Wollt ihr nicht (Gott) fürchten? Siehe, ich bin euch ein getreuer Gesandter; so fürchtet Allah und gehorchet mir. Und nicht verlange ich dafür einen Lohn von euch, siehe, mein Lohn ist allein bei dem Herrn der Welten. Gebt rechtes Maß und vermindert es nicht. Und wäget mit richtiger Waage. Und betrügt nicht die Leute um ihr Gut und tuet nicht übel auf der Erde durch Verderbenstiften"* (Şuarâ: 26/177-183)

Wie man sieht, hatte jeder Prophet neben dem Bemühen, den monotheistischen Gedanken in die Herzen der Menschen zu senken, gegen ganz spezifische Morallosigkeiten seines Volkes anzukämpfen.

**Bei ihrem Dienst am Menschen hatten die Propheten vielfach Unheil und Drangsal zu erleiden:**

Mehr als alle anderen Menschen hatten die Propheten unter Manifestationen des Menschseins wie Krankheit, Tod, Körperschwäche, Kummer, Trübsal, Verbannung und Gewaltherrschaft zu leiden. Denn wer Gott am nächsten steht, den prüft er am häufigsten.

Fast alle Propheten wurden mit den verschiedensten Plagen konfrontiert oder von ihrem Volk davongejagt. Josef saß lange im Gefängnis, Zacharias wurde umgebracht. Was über das Haupt Jesu hereinbrach, ist allgemein bekannt. Was dem Endzeitpropheten Muhammed geschah, würden andere Menschen nicht ertragen haben.

*"Und Muhammed ist nur ein Gesandter; schon vor ihm gingen die Gesandten dahin. Und so, ob er stirbt oder fällt, werdet ihr umkehren auf euren Fersen? Und wer umkehrt auf seinen Fersen, nimmer schadet er Allah etwas"* (Al-i İmrân: 3/144)

**Propheten wissen nur, was ihnen mitgeteilt wurde; sie vermögen weder Vorteil zu verschaffen, noch Schaden zuzufügen:**

*"Sprich: 'Ich vermag nichts über das, was mir frommt oder schadet, es sei denn wie Allah will. Und wüßte ich das Verborgene, wahrlich, des Guten hätte ich in Menge, und nicht berührte mich Schlimmes. Ich bin nur ein Warner und ein Freudenverkünder für ein gläubig Volk'"* (A'raf: 7/188)

*"Und vor dir (o Muhammed) entsandten wir nur Männer, denen wir uns geoffenbart. Fragt nur das Volk der Ermahnung (die Juden und Christen), so ihr's nicht wisset"* (Enbiya: 21/7)

**Verpflichtung zur Überbringung der Heilsbotschaft:**

*"O du Gesandter, verkünde alles, was hinabgesandt ward auf dich von deinem Herrn. Und so du es nicht tust, so hast du nicht verkündet seine Sendung. Und Allah wird dich schützen vor den Menschen; siehe, Allah leitet nicht die Ungläubigen"* (Mâide: 5/67)

*"Dem Gesandten liegt nur die Predigt ob, und Allah weiß, was ihr offenkund macht und was ihr verheimlicht"* (Mâide: 5/99)

**Prophetentum ist weltumspannend:**

*"Und von (einigen) Gesandten haben wir dir zuvor erzählt und von anderen Gesandten haben wir dir nicht erzählt, und es redete Allah mit Moses in Rede; und von Gesandten, Freudenverkündern und Warnern, damit die Menschen nach den Gesandten vor Allah keine Entschuldigung hätten. Und Allah ist mächtig und weise"* (Nisa: 4/164-165)

*"Und wir entsandten dich nur zur gesamten Menschheit als einen Freudenboten und Warner, jedoch wissen es die meisten Menschen nicht"* (Sebe: 34/28)

**Propheten sind frei von Sünde:**

*"Und nicht ist's des Propheten Sache zu unterschlagen. Und wer unterschlägt, soll, was er unterschlagen, am Tag der Auferstehung bringen. Alsdann wird jeder Seele nach Verdienst vergolten, und es soll ihnen nicht Unrecht geschehen"* (Al-i İmrân: 3/161)

**Gott hilft den Propheten:**

*"Und alles, was wir dir von den Geschichten der Gesandten erzählten, festigen wollen wir dein Herz damit, und gekommen ist hierin zu dir die Wahrheit und eine Ermahnung und Warnung für die Gläubigen"* (Hûd: 11/120) *"Alsdann*

*werden wir unsre Gesandten und die Gläubigen erretten. Also ist es unsre Pflicht, die Gläubigen zu erretten"* (Yunus: 10/103)

**Wir glauben an die besondere Stellung Jesu, des Sohnes der Maria:**

Der Prophet Jesus hat die Einheit und Einzigkeit Gottes gelehrt. Die Vorstellung von der Dreieinigkeit ist nachträglich in die christliche Religion eingebracht worden.

*"O Volk der Schrift, überschreitet nicht euern Glauben und sprechet von Allah nur die Wahrheit. Der Messias Jesus, der Sohn der Maria, ist der Gesandte Allahs und sein Wort, das er in Maria legte, und Geist von ihm. So glaubet an Allah und seinen Gesandten und sprechet nicht: 'Drei'. Stehet ab davon, gut ist's euch. Allah ist nur ein einiger Gott; Preis Ihm, daß ihm sein sollte ein Sohn! Sein ist, was in den Himmeln und was auf Erden, und Allah genügt als Beschützer"* (Nisa: 4/171)

**Jesus ist nicht der Sohn Gottes - ungläubig ist, wer dies behauptet:**

*"Wahrlich, ungläubig sind, die da sprechen: 'Siehe, Allah, das ist der Messias, der Sohn der Maria'. Sprich: 'Und wer hätte über Allah Macht, so er den Messias, den Sohn der Maria, und seine Mutter und, wer auf der Erde allzumal, vernichten wollte? Und Allahs ist das Reich der Himmel und der Erde und was dazwischen. Er erschafft, was er will, und Allah hat Macht über alle Dinge"* (Mâide: 5/17)

**Die Stellung Jesu ist wie die Stellung Adams:**

Der Augenblick, in dem der Jungfrau Maria durch den Engel ein Knabe verheißen wurde, ist der Augenblick ihrer Empfängnis. Das ist zwar ein Wunder, aber als solches doch wiederum nur ein Beweis für die Allmacht Gottes. Aus diesem Blickwinkel betrachtet ist an dem Ereignis nichts Unwahrscheinliches. Gott sagt dazu:

*"Siehe, Jesus ist vor Allah gleich Adam; er erschuf ihn aus Erde, alsdann sprach er zu ihm: 'Sei!', und er ward"* (İmran: 3/59)

**Dennoch stellten die Juden sich gegen Jesus und versuchten, ihn zu töten, was ihnen aber nicht gelang:**

*"Und weil sie ungläubig waren und wider Maria eine große Verleumdung aussprachen, und weil sie sprachen: "Siehe, wir haben den Messias Jesus, den Sohn der Maria, den Gesandten Allahs, ermordet' - doch ermordeten sie ihn nicht, sondern einen ihm ähnlichen- .... Und siehe, diejenigen, die über ihn uneinig sind, sind wahrlich im Zweifel in betreff seiner. Sie wissen nichts von ihm, sondern folgen nur Meinungen; und nicht töteten sie ihn in Wirklichkeit, sondern es erhöhte ihn Allah zu sich; und Allah ist mächtig und weise"* (Nisa: 4/156-158)

Daraus folgt: ein Muslim hat unbedingt daran zu glauben, daß Maria, als sie Jesus empfing, von keinem Mann berührt war, daß Jesus nicht gezeugt worden ist, daß es nicht zu seiner Hinrichtung gekommen ist, sondern daß Gott ihn vielmehr zu sich erhöht hat.

MUHAMMED (Friede sei mit ihm!)
IST DER LETZTE PROPHET

Muhammed (Gottes Friede sei auf ihm!) ist das letzte Glied in der Kette der Propheten. Wie schon weiter oben erwähnt, hat Jesus die Ankunft eines Propheten angekündigt, und ihn sogar namentlich genannt: Ahmed (diese Erwähnung findet sich in dem von den Kirchen verworfenen Evangelium des Barnabas. Der Übersetzer). Bei Johannes (16:12) heißt es:

*"Ich habe euch noch viel zu sagen, aber ihr könnt es jetzt nicht tragen. Aber jener, der da kommen wird, der Geist der Wahrheit, der wird euch zu aller Wahrheit hinleiten. Er wird*

*nicht von sich selber reden, sondern er wird nur reden, was er hört, und wird euch verkünden, was zukünftig ist. Er wird mich erhöhen. Denn er wird von dem nehmen, was mein ist, und es euch verkünden".*

**Die Botschaft Muhammeds gilt allen Menschen:**

*"Und wir entsandten dich nur zur gesamten Menschheit als einen Freudenboten und Warner, jedoch wissen es die meisten Menschen nicht"* (Sebe: 34/28)

**Nach Muhammed wird kein Prophet mehr auftreten:**

*"Muhammed ist nicht der Vater eines eurer Männer, sondern Allahs Gesandter und das Siegel der Propheten"* (Ahzab: 33/40)

**Abschluß der prophetischen Botschaft, Vollendung der Religion:**

*"Heute habe ich euch vollendet euern Glauben und habe erfüllt an euch meine Gnade, und es ist mein Wille, daß der Islâm euer Glauben ist"* (Maide: 5/3)

**Das Auftreten des Endzeitpropheten Muhammed - Ziel und Krönung göttlicher Botschaft:**

*"Und da Allah mit den Propheten den Bund schloß, (sprach er): 'Wahrlich, dies ist das Buch und die Weisheit, die ich euch gebe; alsdann wird zu euch kommen ein Gesandter, bestätigend, was ihr habt. Wahrlich, ihr sollt ihm glauben und sollt ihm helfen'. Er sprach: 'Seid ihr einverstanden und nehmt ihr unter diesen Bedingungen das Bündnis mit mir an?' Sie sprachen: 'Wir sind einverstanden'. Er sprach: 'So bezeuget es, und ich will mit euch ein Zeuge sein' "* (Al-i İmran: 3/81)

**Der Prophet Muhammed - Vorbild für alle Menschen:**

*"Wahrlich, in dem Gesandten Allahs hattet ihr ein schönes Beispiel für jeden, der auf Allah und den Jüngsten Tag hofft und oft Allahs gedenkt"* (Ahzâb: 33/21)

**Der Koran - unwandelbares Wunder:**

*"Sprich: 'Nicht steht es mir frei, ihn abzuändern aus eignem Antrieb. Ich folge nur dem, was mir offenbart ward. Siehe, ich fürchte, wenn ich wider meinen Herrn mich empöre, die Strafe eines gewaltigen Tages'"* (Yûnus: 10/15)

**Dem Propheten gehorchen, heißt Gott gehorchen:**

*"Wer dem Gesandten gehorcht, der gehorcht Allah, und wer den Rücken kehrt,..... so haben wir dich nicht entsandt zum Hüter über sie"* (Nisâ: 4/80)

## V.

## WIR SOLLEN AN DEN JÜNGSTEN TAG GLAUBEN

Mögen die Philosophen darüber streiten, ob die Seele unsterblich ist oder nicht, ob es ein Leben nach dem Tode gibt oder nicht: die Praxis zeigt, daß Menschen, die unverbrüchlich an das Jenseits glauben, in einer beneidenswerten Lage sind. Als Muslime ist uns der Glaube an die Wiederbelebung nach dem Tode, den Tag der Abrechnung, die Stätten der Belohnung ("Paradies") und der Bestrafung ("Hölle") und die Brücke Sırat, welche in jener Welt zu überschreiten ist, zur bindenden Verpflichtung gemacht. Gott verweist im Koran mit so großer Eindringlichkeit auf das jenseitige Leben, daß das Wissen darum uns buchstäblich ins Blut übergeht. Viele Bezeichnungen gibt Gott dem Jüngsten Tag: "Tag des Glaubens", "Tag der Abrechnung", "Tag der Eroberung", "Tag des Wiedersehens", "Tag des Ausgangs", "Tag der Versammlung und der Verwirrung", "Tag der Sehnsucht", "Tag des Heulens und Jammerns", "Tag der Furchtbarkeit".

**Der Tod ist Wirklichkeit,**
**ist Anfang des jenseitigen Lebens:**

Jedes Lebewesen wird den Tod zu schmecken bekommen; hiervon ist nichts und niemand ausgenommen:

*"Jede Seele soll den Tod schmecken, und ihr sollt nur euern Lohn empfangen am Tag der Auferstehung"* (Al-i İmran: 3/185)

*"Und nicht geben wir einem Menschen vor dir Unsterblichkeit. Drum, wenn du stirbst, werden sie ewig leben?"* (Enbiya: 21/34)

**Die stabilste Festung schützt**
**nicht vor dem Tod:**

*"Wo immer ihr seid, einholen wird euch der Tod, auch wenn ihr wäret in ragenden Türmen"* (Nisâ: 4/78)

**Keiner stirbt auch nur**
**eine Sekunde früher oder später, als ihm bestimmt ist:**

*"Und niemand stirbt ohne Allahs Erlaubnis gemäß dem Termine setzenden Buch. Und wer den Lohn der Welt begehrt, dem geben wir von ihr, und wer den Lohn des Jenseites begehrt, dem geben wir von ihm; wahrlich, wir belohnen die Dankbaren"* (Al-i İmram: 3/145)

*"Und jedes Volk hat einen Termin; und so sein Termin gekommen ist, so können sie ihn um keine Stunde aufschieben oder beschleunigen"* (A'raf: 7/34)

**Der Tag der Auferstehung von den Toten**
**kommt auf jeden Fall:**

*"Siehe, die 'Stunde' kommt gewißlich, kein Zweifel ist*

*daran; jedoch glauben es die meisten Menschen nicht"* (Mu'min: 40/59)

**Die Auferstehung nach dem Tode muß kommen:**

*"....auf daß er diejenigen belohne, die Böses tun, nach ihrem Tun, und die, welche Gutes tun, mit dem Besten belohne"* (Necm: 53/31)

*"Und wahrlich, wenn ihr sterbet oder erschlagen werdet, werdet ihr zu Allah versammelt"* (Al-i İmran: 3/158)

**Die Toden zu beleben, ist Gott ein leichtes:**

*"Und er ist's, der die Schöpfung hervorbringt, alsdann läßt er sie wiederkehren, was ihm das leichteste ist"* (Rûm: 30/27)

**Antwort an den Zweifler:**

*"O ihr Menschen, wenn ihr betreffs der Auferstehung in Zweifel seid, so haben wir euch erschaffen aus Staub, alsdann aus einem Samentropfen, alsdann aus geronnenem Blut, alsdann aus Fleisch, geformtem und ungeformtem, auf daß wir euch (unsre Allmacht) erwiesen. Und wir lassen ruhen in den Mutterschößen, was wir wollen, bis zu einem bekannten Termin; alsdann lassen wir euch hervorgehen als Kinder; alsdann lassen wir euch eure Reife erreichen; und der eine von euch wird abberufen und der andre von euch bleibt zurück bis zum verächtlichen Alter, daß er alles, was es wußte, vergaß. Und du sahst die Erde dürre; doch wenn wir Wasser auf sie herniedersenden, dann regt sie sich und schwillt an und läßt von jeglicher schönen Art sprießen"* (Hacc: 22/5)

*"Solches, dieweil Allah die Wahrheit ist, und weil er die Toten lebendig macht, und weil er Macht hat über alle Dinge, und weil die 'Stunde' zweifellos kommt, und weil Allah alle in den Gräbern erweckt"* (Hacc: 22/6-7)

**Die Erweckung wird sein**
**wie das Sprießen der Pflanzen:**

*"Und wir senden vom Himmel gesegnetes Wasser herab und lassen durch dasselbe Gärten sprießen und das Korn und hohe Palmen mit übereinander stehenden Fruchtknöpfen, als eine Versorgung für die Diener. Und wir machen mit ihm ein totes Land lebendig; also wird die Erstehung sein"* (Kâf: 50/9-11)

**Gott beantwortet die Frage, wer denn**
**verfaulte Gebeine beleben soll:**

*"Und er (der Mensch) macht uns (Gott) ein Gleichnis und vergißt seine (eigene) Erschaffung. Er spricht: 'Wer belebt die Gebeine, wenn sie verfault sind?' Sprich: 'Leben wird ihnen der geben, welcher sie zum ersten Mal erschuf, denn er kennt jegliche Schöpfung' "* (Yâsin: 36/78-79)

*"Glaubt der Mensch, daß wir nicht versammeln können seine Gebeine? Fürwahr, imstande sind wir, seine Fingersspitzen zusammenzufügen"* (Kıyamet: 75/3-4)

**Die Stunde der Auferstehung ist allein**
**Gott bekannt:**

*"Und sie werden dich nach der 'Stunde' befragen, auf wann sie festgesetzt ist. Sprich: 'Von ihr weiß allein mein Herr, und er allein wird sie zu ihrer Zeit bekanntmachen. Schwer lastet sie auf die Himmel und die Erde; nicht anders als unversehens kommt sie über euch. Sie werden dich fragen, als ob du über sie unterrichtet wärest. Sprich: 'Allein Allah weiß von ihr; jedoch weiß es die Mehrzahl der Menschen nicht' "* (A'râf: 7/187)

*"Siehe, das Wissen um die 'Stunde' ist allein bei Allah. Und er sendet den Regen herab, und er weiß, was in den Mutterschößen ist; und keine Seele weiß, in welchem Lande sie sterben wird. Siehe, Allah ist wissend und kundig"* (Lokman: 31/34)

*"Ihm allein ist vorbehalten das Wissen von der 'Stunde', und keine Früchte kommen heraus aus ihren Hüllen, und kein Weib trägt und kommt nieder außer mit seinem Wissen"* (Fussilet: 41/47)

**Am Jüngsten Tag:**

In vielen Versen zeichnet der Koran das schreckliche Geschehen des Jüngsten Tages. Dieses Grauen wird die Natur und den gesamten Kosmos umfassen, den Menschen in Körper und Seele durchdringen und in Verwirrung stürzen:

**Die Ordnung des Weltalls bricht zusammen:**

*"Wenn die Sonne zusammengefaltet wird, und wenn die Sterne herabfallen, und wenn die Berge sich rühren, und die hochschwangeren Kamelstuten vernachlässigt werden, und wenn die wilden Tiere sich versammeln, und wenn die Meere anschwellen, und wenn die Seelen gepaart werden (mit ihren Leibern), und wenn das lebendig begrabene (Mädchen) gefragt wird, um welcher Sünde willen es getötet ward, und wenn die Seiten aufgerollt werden, und wenn der Himmel weggezogen wird, und wenn der Höllenpfuhl entflammt wird, und wenn das Paradies nahegebracht wird, dann wird jede Seele wissen, was sie getan hat"* (Tekvîr: 81/1-14)

*"Wenn der Himmel sich spaltet, und wenn sich die Sterne zerstreuen, und wenn sich die Wasser vermischen, und wenn die Gräber umgekehrt werden, dann weiß die Seele, was sie getan und unterlassen hat"* (İnfitar: 82/1-5)

**Erschütterung und Verwirrung bemächtigt sich der Menschen:**

*"Und wenn die Dröhnende gehört wird, an jenem Tag flieht der Mann von seinem Bruder und seiner Mutter und seinem Vater und seiner Genossin und seinen Kindern; jedermann hat an jenem Tag genug an seinem Geschäft"* (Abese: 80/33-37)

*"O ihr Menschen, fürchtet euren Herrn. Siehe, das Erdbeben der 'Stunde' ist ein gewaltig Ding. An dem Tage, den ihr schauen werdet, wird jede Säugende vergessen ihres Säuglings, und ablegen wird jede Schwangere ihre Last, und schauen wirst du die Menschen als Trunkene, wiewohl sie nicht trunken sind; doch Allahs Strafe ist streng"* (Hacc: 22/1-2)

**An jenem Tag gibt es keine Zuflucht:**

*"Doch wenn der Blick geblendet wird und der Mond sich verfinstert und Sonne und Mond sich vereinigen, dann wird der Mensch an jenem Tag sprechen: 'Wo ist die Zuflucht?' Keineswegs; es gibt kein Asyl"* (Kıyamet: 75/7-10)

**Auch die Abrechnung ist Wirklicheit,**
**an jenem Tag gilt keine Ausrede:**

*"Zu deinem Herrn ist an jenem Tag die Zuflucht. Verkündet wird an jenem Tag dem Menschen, was er getan und versäumt. Ja, der Mensch ist wider sich selbst ein Beweis, auch wenn er seine Entschuldigung vorbehielte"* (Kıyamet: 75/12-15)

**Nichts bleibt ohne Ausgleich:**

*"An jenem Tag werden die Menschen in Haufen hervorkommen, um ihre Werke zu schauen; und wer auch nur Gutes im Gewicht eines Stäubchens getan, er wird es sehen. Und wer Böses im Gewicht eines Stäubchens getan, wird es sehen"* (Zilzâl: 99/6-8)

**Wohl dem, dem sein Buch in die**
**Rechte gelegt wird:**

*"Und was den anlangt, dem sein Buch in seine Rechte gegeben wird, mit dem wird leichte Abrechnung gehalten, und fröhlich wird er zu seinen Angehörigen heimkehren"* (İnşikâk: 84/7-9)

*"An jenem Tage werdet ihr vorgeführt werden; nichts Verborgenes von euch soll verborgen sein. Und was den anlangt, dem sein Buch in seine Rechte gegeben wird, sprechen wird er: 'Da nehmt! Leset mein Buch! Siehe, ich glaubte, meiner Rechenschaft zu begegnen'"* (Hakka: 69/18-20)

**Wem das Buch seiner Taten von hinten zugereicht oder in die Linke gegeben wird:**

*"Was aber den anlangt, dem sein Buch hinter seinem Rücken gegeben wird, der wird nach Vernichtung rufen, doch in der 'Flamme' wird er brennen"* (İnşikâk: 84/10-12)

*"Was aber den anlangt, dessen Buch in seine Linke gegeben wird, so wird er sprechen: 'O daß mir doch nicht mein Buch gegeben wäre! Und daß ich nie gewußt, was meine Rechenschaft! O daß er ein Ende mit mir gemacht! Nichts frommte mir mein Gut! Vernichtet ist meine Macht!'"* (Hakka: 69/25-29)

**Im Buch der Rechenschaft ist nichts ausgelassen:**

*"Und hingelegt wird das Buch, und schauen wirst du die Sünder in Ängsten über seinen Inhalt, und sie werden sprechen: 'Wehe uns! Was bedeutet dieses Buch! Es ließ nicht die kleinste und nicht die größte (Sünde) unaufgeschrieben'. Und finden werden sie ihre Taten zur Stelle, und keinem wird dein Herr unrecht tun"* (Kehf: 18/49)

**An jenem Tag nützt nichts außer einem Herzen, das im Glauben dahingegangen ist:**

*"Am Tage, da weder Gut noch Söhne helfen, es sei denn, wer zu Allah kommt mit reinem Herzen"* (Şuara: 26/88-89)

Niemand wird Fürbitte leisten können, außer jenem, dem er es gestattet:

*"Er weiß, was vor ihnen ist und was hinter ihnen, und nicht können sie Fürsprache einlegen, außer für den, an dem*

*er Wohlgefallen hat; und sie zagen vor Furcht"* (Enbiya: 21/28)

*"Wer ist's, der da Fürsprache einlegt bei ihm ohne seine Erlaubnis?"* (Bakara: 2/255)

**Abrechnung in absoluter Gerechtigkeit:**

*"Und aufstellen werden wir gerechte Waagen zum Tag der Auferstehung, und keine Seele soll in etwas Unrecht erleiden. Und wäre es das Gewicht eines Senfkorns, wir brächten es herbei, und wir genügen als Rechner"* (Enbiya: 21/47)

## WIR GLAUBEN AN DIE BRÜCKE (SIRAT)

Sırat ist eine Passage über den Abgrund der Bestrafung ("Hölle"), die jeder betreten muß. Wem das Paradies bestimmt ist, bringt sie bequem hinter sich. Wer Strafe zu erleiden hat, stürzt unweigerlich ab:

*"Und niemand unter euch ist, der nicht hinunter zu ihr (d.h. in ihre Nähe) stiege; so ist's bei deinem Herrn endgültig beschlossen. Alsdann wollen wir die Gottesfürchtigen erretten und wollen die Sünder in ihr auf den Knien lassen"* (Meryem: 19/71-72)

**Das Paradies ist Wirklichkeit:**

Wer als Glaubender stirbt, endet im Paradies, der Heimstätte von Ruhe und Glückseligkeit, die all jene auf ewig kosten werden, die sie sich durch den Spruch Gottes erworben haben. Die höchste all jener Glückseligkeiten aber ist die Wonne, Gott schauen zu dürfen.

Der Gnadenreiche Koran beschreibt Paradies wie Hölle in aller Ausführlichkeit.

**Bäume, Speisen, Getränke und Flüsse:**

*"Das Bild des Paradieses, das den Gottesfürchtigen*

*verheißen ward: In ihm sind Bäche von Wasser, das nicht verdirbt, und Bäche von Milch, deren Geschmack sich nicht ändert, und Bäche von Wein, köstlich den Trinkenden; und Bäche von geklärtem Honig; und sie haben in ihnen allerlei Früchte und Verzeihung von ihrem Herrn. Sind sie gleich dem, der ewig im Feuer weilen muß, und denen siedendes Wasser zu trinken gegeben wird, das ihnen die Eingeweide zerreißt?"* (Muhammed: 47/15)

*"Verheiße aber denen, die glauben und das Rechte tun, daß Gärten für sie bestimmt sind, durcheilt von Bächen; und sooft sie gespeist werden mit einer ihrer Früchte als Speise, sprechen sie: 'Dies war unsre Speise zuvor'; und ähnliche werden ihnen gegeben; und darinnen werden sie reine Gattinen empfahen und sollen ewig darinnen verweilen"* (Bakara: 2/25)

*"Und nahe über ihnen sind seine Schatten, und nieder hängen über sie ihre Trauben"* (İnsan: 76/14)

**Das Leben im Paradies ist ohne Vergleich:**

*"Und es kreisen unter ihnen Gefäße von Silber und Becher wie Flaschen, Flaschen aus Silber, deren Maß sie bemessen. Und sie sollen darinnen getränkt werden mit einem Becher, gemischt mit Ingwer; eine Quelle ist darinnen, geheißen Salsabîl - und die Runde machen bei ihnen unsterbliche Knaben; sähest du sie, du hieltest sie für zerstreute Perlen. Und wenn du hinsiehst, dann siehst du Wonne und ein großes Reich. Angetan sind sie mit Kleidern von grüner Seide und Brokat und geschmückt sind sie mit silbernen Spangen, und es tränkt sie ihr Herr mit reinem Trank"* (İnsan: 76/15-22)

**Herrliche Gnadenerweise für die Glaubenden:**

*"Diejenige jedoch, die ihren Herrn fürchten, für sie sind Söller, über denen Söller erbaut sind, und unter denen die Bäche fließen. Allahs Verheißung! Allah bricht das Versprechen nicht"* (Zumer: 39/20)

*"Verheißen hat Allah den Gläubigen, Männern und Frauen, Gärten durcheilt von Bächen, ewig darinnen zu verweilen, und gute Wohnungen in Eden's Gärten. Aber Wohlgefallen bei Allah ist besser als dies. Das ist die große Glückseligkeit"* (Tevbe: 9/72)

*"O meine Diener, keine Furcht kommt auf euch an jenem Tage, und nicht sollen traurig sein, die da glauben an unsre Zeichen und sich uns ergeben haben: 'Tretet ein ins Paradies ihr und eure Gattinnen, in Freuden!"* (Zuhruf: 43/68-70)

*"Sie und ihre Gattinnen, in Schatten auf Thronen sich lehnend"* (Yâsîn: 36/56)

## Immaterielle Gnadenerweise:

Wir stellen zwar mit den Möglichkeiten unseres Vorstellungspotentials Vergleiche zwischen den Gnadenerweisen Gottes in dieser und jener Welt an; in Wirklichkeit aber sind jene so nicht vorstellbar:

*"Keine Seele weiß, welcher Augentrost für sie verborgen ist als Belohnung für ihr Tun"* (Secde: 32/17)

## Das Paradies bringt die unmittelbare Nähe Gottes:

Die nicht-sinnlichen und nicht-materiellen Gnadenerweise des Paradieses werden angeführt vom Erlangen der Gottesunmittelbarkeit, des eigentlichen Sinnes menschlichen Lebens:

*"O Mensch, siehe, du bemühtest dich in Mühe um deinen Herrn und sollst ihm begegnen"* (İnşikâk: 84/6)

*"Keineswegs, doch ihr liebt das Vergängliche und lasset das Jenseits dahinten. Die einen Gesichter werden an jenem Tage leuchten und zu ihrem Herrn schauen"* (Kıyamet: 20-23)

**Heimstatt des Friedens, der Stille und inneren Beruhigtseins:**

Im Ausgleich für die diesseitige Welt erwarten den Glaubenden dort Eden's Gärten ebenso wie jene seiner Vorfahren, Lebensgefährtinnen und Kinder, die wie er selbst für würdig befunden wurden, dort ihren Einzug zu halten. Von allen Pforten her treten die Engel auf sie zu und sprechen:

*" 'Frieden sei auf euch, darum daß ihr standhaft bliebet!' Und schön ist der Lohn der Wohnung".* (Ra'd: 13/24)

## AUCH DİE HÖLLE IST WIRKLICHKEIT

Mit "Hölle" ist der Aufenthalt der Sünder und die Stätte ständiger Bestrafung der Leugner gemeint. Es war eine Aufgabe der Propheten, den Menschen eine Vorstellung von den Schrecken zu vermitteln, die gegebenenfalls ihrer dort harren. Auch der Koran schildert in vielen Versen den Zustand der Hölleninsassen und die mannigfaltigen Qualen, denen sie ausgesetzt sein, mit denen Gewalttat, Bedrückung, Hoffart und Hochmut ihr Entgelt finden werden:

*"O ihr, die ihr glaubt, rettet euch und eure Familien vom Feuer, dessen Brennstoff Menschen und Steine sind; über es sind Engel (gesetzt), starke und gestrenge, die gegen Allahs Befehl nicht widerspenstig sind und tun, was sie geheißen sind"* (Tahrîm: 66/6)

**Immerwährende Pein für die Nicht-Glaubenden:**

*"Was die Elenden anlangt, so sollen sie ins Feuer kommen und drinnen seufzen und stöhnen. Ewig sollen sie darinnen verbleiben, solange die Himmel die Erde dauern, es sei denn, daß dein Herr es anders wolle; siehe, dein Herr tut, was er will"* (Hûd: 11/106-107)

*"Siehe, die Ungläubigen - hätten sie auch alles, was auf der ganzen Erde ist, und das gleiche dazu, um sich damit von*

*der Strafe des Auferstehungstages loszukaufen, nicht würde es von ihnen angenommen. Und ihnen wird schmerzliche Strafe"* (Mâide: 5/36)

### GOTT ERSCHAFFT GUTES WIE BÖSES - ABER ERST, NACHDEM DER MENSCH ES SICH ERWORBEN HAT

Wir glauben, daß das Gute wie das Böse nur durch die Schöpfung Gottes existieren kann. Das läuft aber nicht auf die Annahme hinaus, der Mensch habe keinen eigenen Willen und sei daher für sein Tun und Lassen auch nicht verantwortlich. Es meint vielmehr, daß Gott - wenn er will - das, wofür der Mensch sich entschiedet, durch seinen Schöpfungsakt realisiert.

**Gutes wie Böses fällt auf uns selbst zurück:**

*"Wer das Rechte tut, der tut es zu seinem Besten, und wer Böses tut, ihm zuwider; Und dein Herr ist nicht ungerecht gegen seine Diener"* (Fussilet: 41/46)

*"Und sprich: 'Die Wahrheit ist von euerm Herrn; und wer will, der glaube, und wer will, der glaube nicht"* (Kehf: 18/29)

*"Siehe, wir leiteten ihn des Weges, sei er dankbar oder undankbar"* (İnsan: 76/3)

*"Und was euch an Unglück trifft, es ist für euer Hände Schaffen; und er vergibt viel"* (Şura: 42/30)

## VI.
## WIR GLAUBEN AN DEN RATSCHLUSS GOTTES (KADER)

Die im Koran an den verschiedensten Stellen verwendeten Worte "Kader", "Mikdar" und "Takdir" tragen u.a. Sinninhalte wie: "etwas nach einem spezifischen Schluß, einem festen Maß und einer bestimmten Richtung, nach einem bekannten Gesetz hervorbringen":

*"Und wir senden Wasser vom Himmel herab nach Gebühr und geben ihm Wohnung in der Erde, und siehe, wir haben Macht, es wieder fortzunehmen"* (Mu'minûn: 23/18)

Hier besagt der Terminus "eine bestimmte Menge". In anderen Versen trägt er eine andere Bedeutung:

*"....Allah misset die Nacht und den Tag"* (Muzemmil: 73/20). Hier ist "erschaffen" nach einem Maß, einem Gesetz gemeint.

Somit ist der Glaube an die Bestimmung (Kader) gleichbedeutend mit dem Herausstellen der Erkenntnis, daß der Kosmos nach einer stabilen Ordnung begründet ist und daß er auf ehernen Gesetzen beruht, die in ihren Ursachen und Wirkungen aufeinander abgestimmt sind. Dieser Glaube ist die Realisierung der Überzeugung davon, daß das Dasein der Welt nicht auf Zufall beruht.

**Der Mensch kann sich entscheiden:**

Bevor Gott die Menschen verantwortlich machte, hat er ihnen die Fähigkeit verliehen, zwischen Gut und Böse zu unterscheiden, aufdaß der Mensch nicht darauf verfalle, die Schuld für sein Übeltun auf Gott zu schieben, aufdaß er die Haftung für sein Tun und Lassen zu übernehmen und deren Last auf sich zu nehmen vermöge:

*"Siehe, wir leiteten ihn des Weges, sei er dankbar oder undankbar"* (İnsan: 76/3)

**Und wie schon zuvor zitiert:**

*"Und sprich: 'Die Wahrheit ist von euerm Herrn; und wer will, der glaube, und wer will, der glaube nicht"* (Kehf: 18/29)

*"Und was euch an Unglück trifft, es ist für euer Hände Schaffen; und er vergibt viel"* (Şura: 42/30)

*"Wer das Rechte tut, der tut es zu seinem Besten, und wer Böses tut, ihm zuwider; und dein Herr ist nicht ungerecht gegen seine Diener"* (Fussilet: 41/46)

Aus diesen Versen ergibt sich eindeutig, daß Gott den Menschen gezeigt hat, was recht und unrecht, was gut und was böse ist, und ihn erst dann - so ausgestattet mit der Befähigung der Unterscheidung und Entscheidung - an der Gabelung der Wege mit seinem Relativvermögen auf sich gestellt hat.

**Rechtleitung und Irregang:**

Es kommt auf den Menschen selbst an, ob er sich rechtleiten läßt oder in die Irre geht. Mit anderen Worten: Gott lenkt ihn in jeweils die Richtung, für die er sich entscheidet.

Zur Rechtleitung führen gute Taten, auf den Irrweg ziehen einen die schlechten.

Damit wird der Vers: "*....er führt irre, wen er will, und leitet recht, wen er will*" (Nahl: 16/93) besser verständlich. Irrgang ist danach die Folge von Aufsässigkeit und hartnäckigem Übeltun trotz ständiger Ermahnung Gottes durch seine Bücher, seine Propheten und seine Wunder, eine Folge, die darin besteht, daß der Betreffende schließlich sich selbst überlassen wird. Irgendwann zieht Gott die Gnade seiner Barmherzigkeit und seines Beistandes von dem hartnäckigen Übeltäter ab und läßt ihn mit sich selbst allein.

**Hier der Beweis:**

"*...Und da sie abwichen, ließ Allah ihre Herzen abweichen; denn Allah leitet nicht das Volk der Frevler*" (Sáf: 61/5)

# 2. TEIL

# GOTTESDIENST

## BEZIEHUNG ZWISCHEN GOTT UND MENSCH

## VOM MENSCHEN AUSGEHENDE BEZIEHUNGEN

### I.

### GOTTESDIENSTLICHE HANDLUNGEN:

Gottesdienstliche Handlungen sind der praktische Niederschlag des Glaubens. Wer glaubt, sollte seinen Glauben leben, weil ein solches Leben für Ausgewogenheit zwischen Glaube und Tat sorgt.

Als Gott unser aller Seelen sowie auch die Engel erschaffen hatte, versammelte er sie um sich und stellte ihnen die Frage: "Bin ich nicht euer Herr?" Und die Antwort lautete: "Jawohl, du bist unser Herr":

***"Und als dein Herr aus den Rücken der Kinder Adams ihre Nachkommenschaft zog und wider sich selber zu Zeugen nahm (und sprach:) 'Bin ich nicht euer Herr?' sprachen sie: 'Jawohl, wir bezeugen es'. (Dies taten wir,) damit sie nicht am Tage der Auferstehung sprächen: 'Siehe, wir waren dessen achtlos!' Oder sprächen: 'Siehe, unsre Väter gaben (Allah) Gefährten zuvor, und wir sind ihre Nachkommenschaft. Willst du uns etwa vertilgen ob dem, was Nichtigestuende taten?' "*** (A'raf: 7/172-173)

"Gottesdienst" bedeutet eben "Gott dienen". Gott hat die Menschen erschaffen und alle anderen Wesenheiten in ihren Dienst gestellt. Daraus ergibt sich als selbstverständliche Folge, daß die Menschen ihrerseits Gott zu dienen haben:

*"Und die Dschinn und die Menschen habe ich nur dazu erschaffen, daß sie mir dienen"* (Zâriyet: 51/56)

Mithin obliegt es uns, ein dem Sinn unserer Erschaffung gemäßes Leben zu führen.

## GOTTESDIENST ERFORDERT REINHEIT

• **1) Bei Bedarf den ganzen Körper waschen:**

Gottesdienstliche Verrichtungen irgendwelcher Art darf der Muslim nur im Zustand der Reinheit vornehmen. Nur dann darf er sich seinem Gott nähern.

Die Grundvoraussetzung körperlicher Reinheit ist die Ganzwaschung (gusul). Ohne diese darf der Muslim auch seine Arbeit nicht antreten:

*"So ihr durch Samen befleckt seid, so reinigt euch"* (Maide: 5/6)

• **2) Säuberung vor Beginn des Gottesdienstes:**

Besteht keine Notwendigkeit, den ganzen Körper zu waschen, so ist zunächst stets auf peinliche Reinhaltung während und nach dem Besuch der Toilette und darauf zu achten, daß Oberbekleidung und Unterwäsche sauber sind. Nicht umsonst hat der Prophet gesagt: "Sauberkeit ist ein Teil des Glaubens".

Der Koran drückt das in dem lakonischen Gebot aus:

*"Und deine Kleider, reinige (sie)"* (Mudessir: 74/4)

• **3) Die Gebetswaschung vornehmen:**

Für die Ausübung der verschiedensten gottesdienstlichen Handlungen ist die Gebetswaschung (abdest) durchzuführen:

*"O die ihr glaubt, wenn ihr hintretet zum Gebet, so waschet euer Gesicht und eure Hände bis zu den Ellbogen und wischet eure Häupter und eure Füße bis zu den Knöcheln ab"* (Maide: 5/6)

**• 4) Bei Wassermangel: symbolische Waschung mit Sand:**

Ist für die Ganzwaschung (gusul) oder die Gebetswaschung (abdest) kein Wasser in erreichbarer Nähe bzw. wäre die Stelle, an der es Wasser gibt, nur unter Gefahr zu erreichen oder ist das Wasser vergiftet, so vollziehen wir mit reinem Sand die symbolische Waschung (teyemmum). Denn im Zustand der Unreinheit dürfen wir nicht verharren und ohne Waschung dürfen wir keine gottesdienstliche Handlung vornehmen.

**Der Islam erleichtert die Einhaltung seiner Gebote:**

*"Und so ihr krank oder auf einer Reise seid oder einer von euch kommt vom Abtritt oder ihr habt die Weiber berührt und findet nicht Wasser, so nehmet guten Sand und wischet euch das Gesicht und die Hände damit ab. Allah will euch keine Last auflegen, jedoch will er euch reinigen und seine Gnade an euch vollenden; vielleicht seid ihr dankbar"* (Maide: 5/6)

## DIE GEBETSZEITEN

Nach Einhaltung der Reinigungsvorschriften hat der Muslim fünfmal täglich zu bestimmten Uhrzeiten einen Gebetsgottesdienst (namaz) zu halten. Die entsprechenden Zeiten nennt uns der Koran, allerdings jeweils an verschiedenen Stellen oder auch in verschiedener Aufreihung, so z. B. sind einmal vier Gebete erwähnt. Lesen wir zunächst den Vers, in dem das Gebet (namaz) zur bindenden Verpflichtung erklärt wird:

*"Und wenn ihr das Gebet beendet habt, dann gedenket Allahs, sei es stehend, sitzend oder auf euern Seiten (liegend).*

*Und wenn ihr in Sicherheit seid, so verrichtet das Gebet; siehe, das Gebet ist für die Gläubigen eine Vorschrift, die für bestimmte Zeiten festgesetzt ist"* (Nisa: 4/103)

Und dieser Vers wendet sich speziell an die Hausgemeinschaft: "*Und gebiete deinem Haus das Gebet und verharre in ihm*" (Taha: 20/132)

- **1) Zeiten des Morgen-, des Abend- und des Nachtgebetes:**

"*Und verrichte das Gebet an den beiden Tagesenden und in der ersten Wache der Nacht. Siehe, die guten Werke vertreiben die bösen. Dies ist eine Ermahnung für die Bedenkenden*" (Hûd: 11/114)

Hier ist mit den "beiden Tagesenden" das Morgen- und das Abendgebet, und mit der "ersten Wache der Nacht" das Nachtgebet geboten.

- **2) Morgen-, Nachmittags-, Abend-, Nacht- und Mittagsgebet:**

"*So ertrag, was sie sprechen und lopreise deinen Herrn vor Sonnenaufgang und -untergang; und in den Stunden der Nacht preise ihn und an den Enden des Tages, auf daß du wohlgefällig wirst*" (Taha: 20/130)

- **3) Morgen-, Abend-, Mittags-, Nachmittagsgebet:**

"*Und Preis sei Allah, so es euch Abend und Morgen ist. Und ihm sei das Lob in den Himmeln und auf Erden, und am Abend und zur Mittagszeit*" (Rûm: 30/17-18)

Auch der folgende Vers gebietet die fünfmalige Verrichtung des Gebetes:

"*Beobachtet das Gebet und das mittlere Gebet und steht vor Gott in Ehrfurcht. Und so ihr in Furcht seid, (betet) zu Fuß oder Pferd; und so ihr sicher seid, so gedenket Allahs, wie er euch lehrte, was ihr nicht wußtet*" (Bakara: 2/238-239)

Auch weitere Verse sprechen von den Gebetszeiten. Mit den erwähnten mag es aber sein Bewenden haben. Nur darauf sei noch hingewiesen, daß die wiederholte Erwähnung der Gebetszeiten auf die Bedeutung dieses Gottesdienstes aufmerksam machen soll.

**Die Gebete werden zu folgenden Zeiten vollzogen:**

a) das Morgengebet vom Beginn der Dämmerung bis vor Aufgang der Sonne;

b) das Mittagsgebet vom Augenblick, da die Sonne den Scheitelpunkt überschritten hat bis zu jenem, an dem die Schatten die zweifache Länge der schattenwerfenden Gegenstände erreicht haben;

c) das Nachmittagsgebet vom Augenblick des Auslaufens der Zeit des Mittagsgebetes bis vor Sonnenuntergang;

d) das Abendgebet vom Untergang der Sonne an solange, wie die Nachhelligkeit besteht;

e) das Nachtgebet vom Verschwinden der Nachhelligkeit an bis zum Beginn der Morgendämmerung.

## A. DAS GEBET (namaz)

Im Koran wird das Gebet (namaz) meistens mit dem arabischen Wort "salât" bezeichnet. Das hier gemeinte regelmäßige, fünfmal am Tage zu verrichtende Gebet, ist eine spezielle Form des "dua" (des Bittgebets), welche augenfällig machen soll, daß der Mensch Gottes bedürftig und ihm gegenüber hilflos ist, daß er sich ihm dienend zu nähern hat.

Das Wort "salât" erscheint im Koran an achtzig Stellen, davon 25 mal in Verbindung mit dem Begriff "zekât" (Armenabgabe, Armensteuer). In weiteren Versen wird im Sinne von "das Gebet verrichten" auch die Formulierung "lobpreisen" verwendet. Somit erscheint das Gebot, Gott anzubeten, an annähernd hundert Stellen des Koran.

Das Gebet ist sorgfältig und ohne Eile zu verrichten, d.h. ohne die einzelnen Elemente zu verkürzen, wenn man will, daβ es Segen, göttliche Eingebung und Nutzen bringen soll. Man sollte deshalb bei dessen Verrichtung nicht nachlässig sein. Leute, die nachlässig dabei sind, werden von Gott wie folgt getadelt:

*"...und so sie zum Gebet dastehen, stehen sie nachlässig da, um von den Leuten gesehen zu werden"* (Nisa: 4/142)

*"Was hat euch ins Höllenfeuer getrieben?' Sie werden sprechen: 'Wir waren nicht unter den Betenden"* (Mudessir: 74/42-43)

**Nutzen des Gebets**

Nach seiner Hauptbestimmung, der Anbetung, enthält das islamische Gebet eine Reihe von Aspekten, aus denen seine Nützlichkeit für die Stärkung der Willenskraft und die Reinigung der Seele ersichtlich wird, so z.B. folgende:

- **1) Das Gebet bewahrt vor Schlechtigket:**

*"Verlies, was dir von dem Buche geoffenbart ward, und verrichte das Gebet. Siehe, das Gebet hütet vor Schandbarem und Verbotenem. Und wahrlich, das Gedenken an Allah ist die höchste Pflicht; und Allah weiβ, was ihr tut"* (Ankebut: 29/45)

- **2) Das Gebet erzieht und stärkt die Seele, es führt zum Glück:**

*"O ihr, die ihr glaubt, beugt euch und werft euch nieder und dienet euerm Herrn und tut das Gute; vielleicht ergeht es euch wohl"* (Hacc: 22/77)

- **3) Das Gebet bringt Beruhigung und Besinnung:**

*"Wohl ergeht es den Gläubigen, die sich demütigen in ihrem Gebet"* (Mu'minûn: 23/1-2)

- **4) Das Gebet schafft Geduld und Standhaftigkeit:**

*"O ihr, die ihr glaubt, suchet Hilfe in Standhaftigkeit und*

*Gebet; siehe, Allah ist mit den Standhaften"* (Bakara: 2/153)

• **5) Das Gebet macht groβzügig und weitherzig:**

*"Siehe, der Mensch ist ungeduldig erschaffen; wenn ihm Schlimmes widerfährt, so ist er mutlos, und wenn ihm Gutes widerfährt, so ist er knauserig. Nicht so die Betenden, die im Gebet verharren"* (Meâric: 70/19-23)

• **6) Das Gebet entwickelt Gemeinsinn und macht opferwillig:**

*"O ihr, die ihr glaubt, wenn zum Gebet gerufen wird am Tag der Versammlung, dann eilt zum Gedenken Allahs und lasset den Handel (ruhen). Das ist euch gut, so ihr es wisset"* (Cuma: 62/9)

**Gebet in Zeiten der Furcht:**

Der Islam stellt die Grundforderung auf, daβ das Gebet nicht zu versäumen ist. Darum gibt der Koran Anweisung, wie es trotz hinderlicher Umstände auf Reisen und bei Krankheit sowie in Zeiten der Gefahr und Furcht eingehalten werden kann:

*"Und so ihr das Land durchzieht, so begeht ihr keine Sünde, wenn ihr das Gebet abkürzt aus Furcht, die Ungläubigen könnten euch überfallen. Siehe, die Ungläubigen sind euch ein offenkundiger Feind"* (Nisa: 4/101)

*"Und wenn du unter ihnen bist und mit ihnen das Gebet verrichtest, so soll ein Teil mit dir stehen, doch sollen sie ihre Waffen ergreifen. Und wenn sie sich niedergeworfen haben, so sollen sie hinter euch treten, und es soll eine andere Abteilung kommen, die noch nicht gebetet hat, und soll mit dir beten; doch sollen sie auf der Hut sein und ihre Waffen ergreifen. Die Ungläubigen hätten es gern, daβ ihr eure Waffen und eure Sachen auβer acht lieβet, um euch dann auf einmal zu überfallen. Und ihr begehet keine Sünde, wenn euch der Regen Schaden zufügt oder wenn ihr krank seid, eure Waf-*

*fen fortzulegen. Seid jedoch auf eurer Hut. Seihe, Allah hat für die Ungläubigen schändende Strafe bereitet"* (Nisa: 4/102)

### B. WIR FASTEN

Das Fasten (oruç) ist eine bindend zur Pflicht gemachte, sozusagen körperbezogene Form des Gottesdienstes. Es ist das wirksamste Mittel zur Reinigung des Ego und zur Disziplinierung der Seele. Die Offenbarung des Koran nimmt im Fastenmonat Ramazan (Ramadân) ihren Anfang. So beschreibt das heilige Buch die Verpflichtung zum Fasten:

*"O ihr, die ihr glaubt, vorgeschrieben ist euch das Fasten, wie es den Früheren vorgeschrieben ward; vielleicht werdet ihr gottesfürchtig"* (Bakara: 2/183)

Das Fasten wird eine festgesetzte Zahl von Tagen gehalten, also einen Monat. Wer aber eine begründete Entschuldigung hat, dem wird Erleichterung gewährt:

*"Gezählte Tage! Wenn aber einer unter euch krank ist oder auf Reisen, (der faste die gleiche) Anzahl von anderen Tagen; und sie, die es nicht vermögen, sollen zur Sühne einen Armen speisen. Und wer aus freien Stücken Gutes tut, dem soll Gutes werden"* (Bakara: 2/184) (Übersetzung: Dr. S. H. Bolay)

Trotz gegebener Erleichterung ist das Fasten möglichst vorzuziehen, weil damit die Möglichkeit erlangt wird, den Hunger am eigenen Körper zu verspüren und das Ego zu disziplinieren:

*"Und daß ihr fastet, ist euch gut, wenn ihr es begreift"* (Bakara: 2/184)

Es wird vorausgesetzt, daß der Muslim den vollen Monat Ramazan hindurch das Fasten einhält. Einmal zu fasten und es ein anderes Mal zu unterlassen, gilt als unseriöses Verhalten, das dem hohen Anspruch dieses Gottesdienstes zuwiderläuft. Im übrigen ist zu beachten: wer ohne wirklichen und legalen Grund das Fasten vorzeitig abbricht, muß zur Buße hintereinander zwei andere Monate fasten. Zur Erfüllung des Fastengebotes sagt der Koran:

*"....und daß ihr die Zahl (der Tage) erfüllt und Allah dafür, daß er euch leitet, preist; und vielleicht seid ihr dankbar"* (Bakara: 2/185)

Wenn man bedenkt, daß der Koran als Rechtleitung für die Menschen, als Unterscheidungshelfer zwischen Recht und Unrecht erstmalig im Ramazan auf die Erde kam, dann wirft das ein bezeichnendes Licht auf die besondere Bedeutung dieses segensreichen Monats. Ein unter sorgfältiger Beachtung der Gebote und Regeln in aller Herzensaufrichtigkeit gehaltenes Fasten fördert den Entwicklungs- und Reifeprozeß des Menschen ganz ungemein.

## C. ARMENSPENDE

Eine wichtige, durch finanziellen Aufwand zu erfüllende gottesdienstliche Verplichtung ist die Armenspende oder Armensteuer (zekât). Ihre Bedeutung wird allein schon dadurch deutlich, daß sie wiederholt zusammen mit dem Gebot des Gebetes genannt wird:

*"Darum verrichtet das Gebet und entrichtet die Armenspende"* (Hacc: 22/78)

**Der Mittellose hat Anspruch auf diese Leistung:**

*"Die im Gebet verharren, und in deren Gut ein bestimmter Teil für den Bittenden und den verschämten Armen ist"* (Mearic: 70/23-25)

Diese Abgabe ist in Gestalt eines Vierzigstels bzw. von zweieinhalb Prozent des Kapitals abzuführen. Dabei muß es sich um eine Summe handeln, die einen bestimmten Bedarf übersteigt:

*"Und sie werden dich befragen, was sie ausgeben sollen (als Almosen). Sprich: 'Den Überfluß' "* (Bakara: 2/219)

Die Armenspende ist eine der Grundvoraussetzungen der muslimischen Brüderlichkeit. Sie ist eine wirtschaftlich begründete gottesdienstliche Verpflichtung, die für gesellschaftlichen Ausgleich sorgt:

*"So sie jedoch bereuen und das Gebet verrichten und die Armensteuer zahlen, so sind sie eure Brüder im Glauben"* (Tevbe: 9/11)

**Wer darf Armensteuer empfangen?**

Auch darüber gibt der Gnadenreiche Koran Auskunft. Allerdings steht an gewissen Stellen der Begriff Almosen (sadaka) für Armensteuer (zekât), eine Praxis, die auch vom Propheten so geübt wurde:

*"Die Almosen sind nur für die Armen und Bedürftigen und die, welche sich um sie bemühen, und die, deren Herzen gewonnen sind, und für die Gefangenen und die Schuldner und den Weg Allahs und den Sohn des Weges. (Das ist) eine Vorschrift von Allah"* (Tevbe: 9/60)

**Schwere Strafe droht denen, die die Armensteuer hinterziehen:**

*"...welche nicht die Armenspende entrichten und ans Jenseits nicht glauben"* (Fussilet: 41/7)

*"Wer da Gold und Silber aufspeichert und es nicht spendet in Allahs Weg, ihnen verheiße schmerzliche Strafe. An einem Tag soll es an Dschehennams Feuer glühend gemacht werden, und gebrandmarkt werden sollen damit ihre Stirnen, Seiten und Rücken: 'Das ist's, was ihr aufspeichertet für eure Seelen; so schmecket, was ihr aufspeichertet' "* (Tevbe: 9/34-35)

Viele Koranverse handeln von der Armensteuer. Hier konnten nur einige davon aufgefürt werden, von den entsprechenden Überlieferungen des Propheten und der Rechtsprechung über Bemessung und Höhe ganz zu schweigen.

*machen kann. Wer aber (dessen) ungläubig ist - siehe, Allah ist reich ohne alle Welt"* (Al-i İmran: 3/97)

**Während der Wallfahrt verwehrt:**

*"Die (Zeit der) Pilgerfahrt (sind) die bekannten Monate. Wer sich in ihnen der Pilgerfahrt unterzieht, der enthalte sich des Beischlafs und des Unrechts und des Streits auf der Pilgerfahrt. Und was ihr Gutes tut, Allah weiß es. Und versorgt euch mit Zehrung; aber die beste Zehrung ist die Gottesfurcht. Und fürchtet mich, ihr Verständigen"* (Bakara: 2/197)

**Hauptgrundlagen der Wallfahrt:**

· *"Sie sollen Zeugnis ablegen von den Vorteilen, die sie dadurch haben und den Namen Allahs aussprechen an den bestimmten Tagen über dem Vieh, mit dem wir sie versorgten. So esset von ihm und speiset den Armen und den Bettler. Alsdann sollen sie ihre Vernachlässigung erledigen und sollen ihre Gelübde erfüllen und das alte Haus umwandeln"* (Hacc: 22/28-29)

## II.

## BITTGEBET (DUA)

Das frei, ohne vorgeschriebene Texte gesprochene Bittgebet (dua) ist eine Anrufung Gottes, bei welcher der Mensch sein Herz dem Schöpfer in ungeschmälerter Aufrichtigkeit ganz weit öffnet und unmittelbare Verbindung zu ihm aufnimmt. Über obligatorische Gottesdienste wie das rituelle Gebet (namaz, salât), Fasten (oruç), Wallfahrt, Armensteuer hinaus steht es dem Glaubenden frei, wann immer und wo immer er das Bedürfnis dazu verspürt, zu Gott zu beten, sein Bitten ihm vorzutragen, sein Leid zu klagen, aber auch seine Dankbarkeit zu bezeugen.

Das Beten spielt übrigens auch hinsichtlich der seelischen

## D. AUCH DIE WALLFAHRT IST PFLICHT

Auch bei der Wallfahrt handelt es sich um eine gottesdienstliche Verpflichtung, die gewissermaßen mittels physischem und finanziellem Aufwand erfüllt wird. Dies deshalb, weil sie - einmal im Leben - obligatorisch für den ist, der körperlich und finanziell dazu in der Lage ist. Durch die Wallfahrt (hac) hat der Muslim die Möglichkeit, einmal im Leben mit seinen Brüdern und Schwestern aller Hautfarben und Sprachen im Bekenntnis der Einheit Gottes zusammen zu sein. Die Sprache dieser Gemeinschaft ist der Glaube. Der Muslim verständigt sich mit seinem Bruder, mit seiner Schwester, durch die Sprache des Glaubens. Er erhält die Möglichkeit, angetan mit einem dem Leichentuch ähnlichen Gewand, eine kleine Vorstellung von dem großen Menschengewoge am Tage der Auferstehung zu empfangen. Die Wallfahrt ist gleichsam eine Jahresversammlung der Muslime aus aller Welt. Das mögen immer wieder andere sein. Gleich aber bleibt der Gedanke vonder Bestimmungsgemeinschaft aller Menschen, symbolisiert durch das alle äußerlichen Unterschiede aufhebende einfache Gewand.

So proklamiert Gott die Verpflichtung zur Wallfahrt:

*"Siehe, das erste Haus, gegründet für die Menschen, wahrlich, das war das in Bekka (Mekka) - ein gesegnetes und eine Leitung für alle Welt"* (Al-i İmran: 3/96)

*"Und verkündige den Menschen die Pilgerfahrt. Laß sie zu dir kommen zu Fuß und auf allen schlanken (Kamelen) ankommend aus allen tiefen Talwegen"* (Hacc: 22/27)

*"Siehe, Safâ und Merwah (zwei Hügel in Mekka) sind auch Heiligtümer Allahs; drum, wer immer nach dem Hause Allahs pilgert oder in ihm einkehrt, der begeht keine Sünde, wenn er beide umwandelt"* (Bakara: 2/158)

*"In ihm sind deutliche Zeichen - die Stätte Abrahams. Und wer es betritt, ist sicher. Und der Menschen Pflicht gegen Allah ist die Pilgerfahrt zum Hause, wer da den Weg zu ihm*

und körperlichen Gesundheit eine überragende Rolle. In seinem Büchlein "Das Beten" schreibt der bekannte Biologe Alexis Carel, durch Beten könnten verschiedenartige Erkrankungen geheilt werden. Wenn man bedenkt, daß die Medizinische Fakultät der Pariser Universität seit 1858 in dem südfranzösischen Städtchen Lourdes an der Erforschung der Behandlung psychischer Erkrankungen durch das Beten arbeitet, wird klar, welche Rolle diesem Phänomen durchaus auch aus der Sicht der Medizin zugeschrieben wird.

Auch das freie Bittgebet kennt gewisse Voraussetzungen, deren Beachtung eine Erhörung wahrscheinlicher macht.

**Der Koran verspricht:
Gott läßt die Gebete nicht unerhört**

"*Und wenn dich meine Diener nach mir fragen, siehe, so bin ich nahe; ich will antworten dem Ruf des Rufenden, so er mich ruft; doch sollen sie auch auf mich hören und sollen an mich glauben; vielleicht wandeln sie recht*" (Bakara: 2/186)

**Gott verspricht, die Gebete zu erhören**

Das aber nur, wenn sie Gott in aller Wohlanständigkeit und reinen Herzens vorgetragen werden. So sagt der Prophet Muhammed: "Das Bittgebet ist die Waffe des Glaubenden, die Säule des Glaubens, das Licht der Himmel und der Erde". Der betende Mensch hat alle Barrieren zwischen Gott und sich beiseitegeschoben, seine Seele dem Herrn geöffnet und ist in seine unmittelbare Nähe getreten. Gewiß darf er immer dann, wenn er in Bedrängnis ist, sich an Gott wenden. Es gibt aber Zeiten, zu denen der Beter auf besonders wohlwollende Aufnahme rechnen kann: die Mitternacht, die Morgenfrühe, die Lichternächte (kandil), die Freitage und ihre Nächte sowie die Festtage. Besonders zu erwähnen ist noch, daß der Mensch im Zustande der Niederwerfung (secde) seinem Gott am nächsten ist.

Beim Beten sollte das Herz aber nicht achtlos, sondern ganz bei Gott sein, denn ein aus nicht voll auf Gott konzentriertem Herzen kommendes Gebet wird Gott nicht erhören. Man sollte im Gebet den Kopf bzw. das Gesicht nicht nach oben wenden ( so als suche man Gott in einer bestimmten Sphäre). Auch soll man nicht an der Erhörung des Gebetes zweifeln und es verzagt aufgeben. Zu achten ist natürlich darauf, daß nicht um Verwehrtes (haram) und Sündiges (günah) gebeten wird.

**Einige Bittgebete, wie der Koran sie empfiehlt:**

*"Unser Herr, laß unsere Herzen nicht mehr irregehen, nachdem du uns leitetest, und gib uns von dir her Barmherzigkeit! Siehe, du bist der Geber"* (Al-i İmran: 3/8)

*"Unser Herr, strafe uns nicht für Vergeßlichkeit oder Sünde! Unser Herr, lege uns nicht auf eine Last, wie du sie den Früheren auferlegtest! Unser Herr, laß uns nicht tragen, wozu unsere Kraft nicht ausreicht; und vergib uns und verzeihe uns und erbarme dich unser! Du bist unser Beschützer. Und hilf uns wider das ungläubige Volk!"* (Bakara: 2/286)

*"Unser Herr, siehe, wir hörten einen Rufer, der zum Glauben rief (und sprach:) 'Glaubet an euern Herrn!' so glaubten wir. Unser Herr, und vergib uns drum unsre Sünden und bedecke unsre Missetaten und laß uns abscheiden mit den Frommen"* (Al-i İmran: 3/193)

*"Unser Herr, und gib uns, was du uns verheißen durch deine Gesandten, und stürze uns nicht in Schande am Tag der Auferstehung. Siehe, du brichst nicht dein Versprechen"* (Al-i İmran: 3/194)

*"Unser Herr, gieße Geduld über uns und nimm uns zu dir als Muslime"* (A'raf: 7/126)

*"Unser Herr, siehe, du weißt, was wir verbergen und was wir offenkund tun, und nichts ist verborgen vor Allah auf Erden und im Himmel"* (İbrahim: 14/38)

*"Mein Herr, mache, daß ich und mein Samen das Gebet innehalten. Unser Herr, und nimm mein Gebet an. Unser Herr, vergib mir und meinen Eltern und den Gläubigen am Tag der Rechenschaft"* (İbrahim: 14/40-41)

*"Unser Herr, gib uns hienieden Gutes und im Jenseits Gutes und hüte uns vor der Strafe des Feuers"* (Bakara: 2/201)

Gebetsworte wie diese enthält der Gnadenreiche Koran in Fülle. Bemerkenswert ist, daß all diese Bitten nicht auf das Erringen von Besitz und Eigentum, sondern auf die Glückseligkeit in dieser und jener Welt gerichtet sind. Und sodann beziehen sich diese Gebete - auch diejenigen des Propheten Abraham - nicht auf persönliches Wohlergehen, sondern sprechen für alle Menschen, ein schönes Beispiel für das Element der Selbstlosigkeit in der islamischen Morallehre.

## 3. TEIL

# MORALLEHRE

Das praktische Leben, wie es sich aus den Beziehungen zwischen Gott und den Menschen ergibt, ist eine moralbezogene Lebensführung.

Eine jede frei vollbrachte Tat hat einen Zweck zu verfolgen, der über allen anderen Zwecken steht. Andernfalls hätte vorgezogenes freies Tun keinen Sinn. Wie aber wissen wir, inwieweit die von uns vollbrachte moralische Tat legal ist? Was soll das Maß des Guten sein? Was ist die Quelle des Guten und des Pflichtgefühls? Um diese Fragen richtig beantworten zu können, ist ihrer Wertigkeit entsprechend zwischen den Taten eine Auswahl zu treffen.

Der Wertmaßstab der Taten ist der höchste aller Werte und die Quelle islamischer Werte, nämlich Allah. Im Islam reihen sich alle Werte an der Verbindung zu Gott auf. Das Maß bei allem tätigen Erwählen, Vorziehen und Verhalten bezieht seine Wertigkeit, seine Eichung, unablässig aus dieser göttlichen Quelle.

Aus dieser Sicht ist die Quelle der islamischen Moral der Glaube, die Bindung an Allah, den Koran und den hochwürdigen Propheten. Islamische Moral, das ist die Umsetzung der im Koran und in der Prophetenüberlieferung (ahadis) verkündeten Grundsätze im täglichen Leben, und zwar allein zu dem Zweck, damit das Wohlgefallen Allahs zu erringen.

Der Moral mißt der Islam größte Bedeutung bei:

**Der Prophet - Beispiel edelsten Menschentumes:**

*"Und siehe, du bist wahrlich von edler Natur"* (Kalem: 68/4)

Die islamische Moral baut auf dem Vorbild des moralschen Helden auf. Daher:

**ist der Prophet unser größtes Vorbild:**

*"Wahrlich, in dem Gesandten Allahs hattet ihr ein schönstes Beispiel für jeden, der auf Allah und den Jüngsten Tag hofft und oft Allahs gedenkt"* (Ahzab: 33/21)

**Grundvoraussetzung der Moral im Islam ist der Glaube:**

*"Verheiße aber denen, die glauben und das Rechte tun, daß Gärten für sie bestimmt sind, durcheilt von Bächen"* (Bakara: 2/25)

**Weitere Voraussetzung ist die Umsetzung des Glaubens in die Tat:**

*"Bei dem Nachmittag! Siehe, der Mensch ist wahrlich verloren, außer denen, welche glauben und das Rechte tun und einander zur Wahrheit mahnen und zur Geduld"* (Asr: 103/1-3)

**Und schließlich haben Worte zu Taten zu werden:**

*"O ihr, die ihr glaubt, warum sprecht ihr, was ihr nicht tut?"* (Saff: 61/2)

*"Großen Zorn erregt es bei Gott, daß ihr sprecht, was ihr nicht tut"* (Saff: 61/3)

*"Wollt ihr den Leuten Frömmigkeit gebieten und eurer (eigenen) Seelen vergessen, wo ihr doch die Schrift leset? Habt ihr denn keine Einsicht?"* (Bakara: 2/44)

Ein Mensch, bei dem Wort und Tat nicht miteinander

übereinstimmen, wird vom Islam nicht akzeptiert. Der Muslim hat unbedingt so zu handeln, daß er das eigene Tun und Lassen weiterempfehlen kann: erst das Vorbild macht die Worte des Lehrers, des Vaters, der Mutter wirksam. Wenn aber ein Vater, der selber Alkohol trinkt, von seinem Kind verlangt, das zu unterlassen, so ist von dieser Aufforderung keine Einwirkung zu erwarten. Das ist der Grund, warum unser Prophet den Ausspruch getan hat, er flüchte sich zu Gott vor unnützem Wissen. Kenntnis zu haben, etwas zu wissen, ist nach islamischer Auffassung noch nicht Moral. Es ist übel, etwas zu wissen, sich aber nicht diesem Wissen entsprechend zu verhalten. Wenn das Wissen nicht imstande ist, dem Übel zu steuern, dann ist es in Wirklichkeit nichts anderes als unnützer Ballast:

*"Das Gleichnis derer, welche mit der Tora belastet wurden und sie hernach nicht tragen wollten, ist das Gleichnis eines Esels, der Bücher trägt"* (Cuma: 62/5)

# INHALTSVERZEICHNIS

I. TEIL

**GLAUBE**